Zum Grenzstreit

zwischen

Reichs- und Landesrecht.

Von

Ernst Zitelmann.

Leipzig,
Verlag von Duncker & Humblot,
1902.

Zuerst gedruckt als Programm der Rheinischen Friedrich-Wilhelms-Universität zu Bonn zum 3. August 1902.

Mit dem 1. Jan[uar] 1900 ist das gesamte Landesprivatrecht ausser K[raft] getreten, soweit nicht in dem bürgerlichen Gesetzb[uch] oder seinem Einführungsgesetz ein Anderes bestimmt [oder] ein 'Vorbehalt' zu Gunsten des Landesrechts gemac[ht] ist: dies ist der Grundsatz des Art. 55 des EG. Einige Fragen aus dem zwischen Reichs- und Landesrecht schwebenden iudicium finium regundorum sollen im folgenden erörtert, insbesondere soll untersucht werden, welche Kraft den Vorbehaltsbestimmungen des Einführungsgesetzes in Bezug auf die allgemeinen landesrechtlichen Vorschriften zukommt.

I.

Die sämtlichen Vorbehaltsbestimmungen bestehen darin, dass gewisse Gruppen von rechtlichen „Vorschriften" herausgehoben (dem Prinzip des Art. 55 entzogen) werden. Unter Vorschrift wird man jede „Rechtsnorm" im Sinne des Art. 2 des EG., auch die ungeschriebene, zu verstehen haben; Rechtsnorm selbst im Sinne des Gesetzes ist jeder für die rechtliche Behandlung bestimmter Thatsachen erhebliche Satz, mag er bejahend oder verneinend oder begriffsentwickelnd, mag er materiell ein selbständiger ganzer Rechtssatz oder nur ein unselbständiger Teilrechtssatz sein.

Von Art. 56—58 abgesehen[1]) grenzen alle Vorbehalte die Vorschriften, die sie herausheben wollen, **ihrem Inhalte nach** ab — man kann in diesem Sinne von 'Vorbehaltsmaterien'[2]) sprechen —, nicht etwa werden einzelne Gesetze oder Gesetzesteile ihrer formellen Erscheinung nach als vorbehalten bezeichnet, wie das in dem EG. zum neuen Handelsgesetzbuch Art. 19 geschehen ist[3]). Daraus ergiebt sich sofort: wenn ein Landesgesetz da ist, das die einzelne Vorbehaltsmaterie hat ordnen wollen (z. B. die Gesindeordnung, das Berggesetz), so ist doch jeder einzelne Satz dieses Gesetzes erst noch darauf hin zu prüfen, ob er auch inhaltlich unter den Vorbehalt fällt, und es ist nicht ausgeschlossen, dass auch andere Vorschriften, obwohl sie ausserhalb des Gesetzes stehen dennoch unter den Vorbehalt gehören.

Die Enge oder Weite des Bereichs von Vorschriften, den die einzelnen Vorbehalte durch Bezeichnung ihres

---

1) Sie bedürfen gesonderter Betrachtung: die folgenden Untersuchungen beziehen sich auf sie nicht mit. S. unter VI.

2) Den Ausdruck „Materien" verwendete einst § 2 des EG. zum StGB.; er stellte in Gegensatz das Recht, das „Materien" betrifft, welche Gegenstand des StGB. sind, und die „besonderen Vorschriften über ..."; dieser eigentümlichen Formgebung entsprangen Schwierigkeiten, welche die Art. 55 ff. unseres EG. nicht bieten.

3) Ausführungsgesetze sagen mehrfach, diese oder jene Gesetzesabschnitte würden mit Ausnahme folgender ziffermässig bezeichneter §§ aufgehoben. Damit ist aber nicht ausgesprochen, dass diese letzteren §§ jedenfalls in Kraft bleiben, sondern nur, dass sie insoweit fortbestehen sollen, wie sie Vorbehaltsrecht enthalten.

Inhalts herausheben, sowie die Art und Form, in der die inhaltliche Abgrenzung vorgenommen wird, ist sehr mannigfaltig.

Gewöhnlich unterscheidet man die Vorbehalte nur in allgemeine (Vorbehalte für ganze Inbegriffe möglicher Vorschriften) und spezielle (Vorbehalte einzelner Vorschriften). In Wahrheit ist das Bild ein viel bunteres, zwischen dem ganz allgemeinen und dem ganz besonderen Vorbehalt gibt es eine grosse Reihe von Zwischenformen.

1. Als allgemeinste Vorbehalte darf man die ansehen, welche die vorbehaltenen Vorschriften unmittelbar durch den technischen Namen eines systematisch eigenen Teils des objektiven Rechts bezeichnen; das geschieht immer in der Form: Vorschriften, welche diesem besonderen Rechtsteil „angehören"[4]), und zwar dem Wasserrecht

---

4) Die Formgebung der Vorbehalte wechselt. 1. In diesen sechs Fällen heisst es: „Vorschriften, welche ... angehören".
— 2. Regelmässig wird der Gegenstand, auf den die Vorschriften sich beziehen, durch ein Stichwort angegeben, und zwar mit der Wendung „Vorschriften über..." (Art. 59. 62. 63. 64. 65. 69. 73. 74. 77. 80. 82. 83. 89. 90. 93. 96. 98. 99. 102, 1. 104. 107. 108. 109. 112. 113. 127. 128. 130. 132. 133. 134. 135. 144. 151; ein einzelnes Mal auch „Vorschriften zur Beförderung..." Art. 65); statt dessen heisst es auch, ebenso mit einem Stichwort: „Vorschriften, welche ... betreffen" (Art. 94, 1), „welche ... regeln" (97. 101. 110, vgl. 96), „welche sich ... beziehen" (113²), „welche ... zum Gegenstande haben" (113²).
— 3. Bei den engeren Vorbehalten wird der Inhalt der vorbehaltenen Vorschrift angegeben, entweder in der Form: Vorschriften, welche dies und das „gestatten (60), zulassen (81. 117, 2), ausschliessen (77, 131), untersagen (117, 1. 117, 2. 119. 131),

EG. Art. 65, dem Deich- und Sielrecht 66, dem Bergrecht 67, dem Versicherungsrecht 75, dem Verlagsrecht 76, dem Gesinderecht 95.

2. Andere Vorbehalte nennen als Stichwort lediglich den Namen des subjektiven Rechts, auf das sich die Vorschriften beziehen, ohne irgend etwas über die Thatsachen, aus denen es entspringen soll, zu erwähnen: Vorschriften über das Erbpachtrecht, Büdnerrecht, Häuslerrecht Art. 63, Anerbenrecht Art. 64[5]), über Regalien 73, Zwangsrechte, Bannrechte, Realgewerbeberechtigungen 74, das Pfründenrecht 80, 2, das Recht zur Aneignung u. s. w. 130, das Recht zur Benutzung u. s. w. 133. Der Inhalt des subjektiven Rechts ist, wie man sieht, bald weiter, bald genauer bezeichnet. Hierhin gehört ferner Art. 132: Vorschriften über die Kirchenbaulast und Schulbaulast.

3. Umgekehrt nennen wieder andere Vorbehalte, ohne in Bezug auf die Art der rechtlichen Behandlung irgendwie

---

beschränken" (81. 86. 111. 119), welche „abhängig machen (86. 87, 1. 88), verpflichten (101), einräumen (118), unterwerfen (124), bestimmen (102, 2. 115. 122. 142. 143. 152), erstrecken (125), gewähren" (123), — 4. oder in der Form: „Vorschriften, nach welchen" das und das Rechtens ist (70. 71. 78. 79. 84. 85. 87, 2. 91. 92. 94, 2. 100. 103. 105. 106. 114. 120. 121. 124². 129. 136. 138. 139. 140. 147. 149. 150); zweimal ist sogar die Wendung gebraucht: „Vorschriften über die Grundsätze, nach welchen..., nach denen..." (70, 137). — 5. Endlich findet sich auch die ganz andere Form: „Die Landesgesetze können bestimmen" u. dgl., s. 141. 145. 148, auch 126. 146.

5) Dass „Recht" hier im subjektiven Sinn gebraucht ist, beweist der Ausdruck „solche Rechte" in Art. 63 und die Wendung in Art. 64, 2.

Schranken zu ziehen, lediglich das thatsächliche Lebensgebiet, das durch die Vorschriften behandelt wird: Jagd und Fischerei Art. 69, Geschäftsbetrieb der Pfandleiher 94, 1, religiöse Erziehung der Kinder 134; dahin wohl auch 65: Vorschriften zur Beförderung der Bewässerung und Entwässerung der Grundstücke; oder sie nennen ebenso die Sachen, auf deren rechtliche Behandlung sich die Vorschriften beziehen sollen: Vorschriften über Anlandungen, entstehende Inseln und verlassene Flussbetten 65.

4. Noch wieder andere Vorschriften nennen mittels eines Stichworts die rechtliche Einrichtung selbst, welche durch die Vorschriften geschaffen wird, und geben auf diese Weise nicht bloss das zu behandelnde Thatsachengebiet, sondern auch einen gewissen sehr weiten Rahmen für die rechtliche Behandlung an; hierhin ist es zu stellen, wenn als Stichwort dient entweder die Bezeichnung der Sache, auf die sich die Vorschriften beziehen, ihrer durch diese Vorschriften geschaffenen juristischen Qualität nach: Vorschriften über Familienfideikommisse, Lehen, Stammgüter Art. 59, über Rentengüter 61; oder der Person oder Anstalt: Vorschriften über Waldgenossenschaften 83, Sparkassen 99; oder eines Kreises von Massnahmen: Vorschriften über die Zwangserziehung Minderjähriger 135.

5. Die engeren Vorbehalte sind von einer Mannigfaltigkeit, die keine Einordnung mehr gestattet. Hier genügen Beispiele. Entweder sind genannt Vorschriften über gewisse Rechtswirkungen aus gewissem Thatbestand oder über gewisse Thatbestände mit gewisser Rechtswirkung, derart, dass das Nähere über den Thatbestand

wie über die Art der Rechtswirkung dem Landesrecht zu bestimmen vorbehalten bleibt. Als Stichwort wird genannt bald das Recht oder die Verpflichtung, die aus solchem Thatbestand entstehen soll, sodass also der nähere Inhalt und alle Schicksale dieses Rechts oder dieser Verpflichtung gemeint sind: Vorschriften über aus bestimmtem Thatbestand entstehende Ansprüche und Verbindlichkeiten Art. 80. 104, Verpflichtungen 107. 108, Haftungen 77; ferner Vorschriften, „welche regeln" bei einem gewissen Thatbestand ein bestimmtes Schuldverhältnis 96, die Rechte an Grundstücken 110, die sich aus einem gewissen Thatbestand ergebenden Rechtsverhältnisse 97. 101; bald enger die Rechtswirkung: Begründung, Aufhebung, Beschränkung des Rechts, z. B. Art. 111. 128; bald der Rechtsakt, d. h. die behördliche oder parteiliche Handlung mit dieser Wirkung, z. B. Art. 89. 97. 102,1. 109. 112. 113.

Und noch wieder engere Vorbehalte gibt es, die sich nur auf eine einzelne mehr oder minder bestimmte Vorschrift beziehen, entweder in dem Sinne, dass das Landesrecht eine solche im Reichsrecht nicht bestehende Vorschrift geben, oder dass es diese im Reichsrecht bestehende Vorschrift ausschliessen oder abändern, d. h. den Voraussetzungen nach erleichtern oder erschweren oder in der rechtlichen Wirkung dies und das ändern kann. Die engsten Vorbehalte sind die, welche dem Landesrecht lediglich gestatten, eine inhaltlich nach allen Richtungen hin festgelegte Vorschrift, die im Reichsrecht besteht, auszuschliessen, oder die im Reichsrecht nicht oder nicht so besteht, zu geben: das Landesrecht hat hier nur die Entscheidung über Ja oder Nein, nicht mehr über So oder Anders.

II.

Die Tragweite der einzelnen Vorbehalte kann selbstverständlich schliesslich nur durch Einzeluntersuchung festgestellt werden; doch treten bei dieser sich überallhin verästelnden Aufgabe auch gewisse gemeinsame Fragen hervor, und es muss wenigstens versucht werden, diesen gemeinsamen Fragen auch eine gemeinsame Antwort zu finden. So steht es gerade mit der Frage nach der Kraft der Vorbehalte in Bezug auf die allgemeinen landesrechtlichen Vorschriften. Die dargelegte Mannigfaltigkeit der Vorbehalte nach Inhalt und Form macht indes jedenfalls nötig, die Untersuchung zunächst nur für eine Gruppe von Vorbehalten anzustellen. Ich wähle dazu die unter 1. genannten Vorbehalte, welche mir als die allgemeinsten erscheinen: sie behalten die Vorschriften vor, welche einem durch seinen technischen Namen bezeichneten Rechtsteil (Wasserrecht, Deichrecht, Bergrecht, Versicherungsrecht, Verlagsrecht, Gesinderecht) „angehören". Man wird sofort bereit sein, solche Rechtsteile als Sonderrechtsteile zu bezeichnen und wird die Frage also dahin stellen können: welche Vorschriften gehören zu einem solchen Sonderrechtsteil?

Auszugehen ist von der unzweifelhaft richtigen Charakterisierung [6], es handle sich hier um einen Inbegriff von Rechtssätzen „für eine besondere Lebenssphäre".

---

[6] Gierke, D. Privatrecht I S. 43.

Diese Charakterisierung würde auch genügen, wenn unsere Systematik das gesamte objektive Recht nur in verschiedene Sonderrechtsteile zerlegte. Unzweifelhaft besteht der Unterschied dieser Sonderrechtsteile in den Thatsachen, deren rechtliche Behandlung geordnet wird: diese Thatsachen müssen gerade diesem besonderen Lebensgebiet angehören. Unsere Systematik stellt aber den Sonderrechtsteilen noch einen „allgemeinen Teil", oder weiter den Sondervorschriften allgemeine Vorschriften gegenüber, und da wird zweifelhaft, ob jene Charakterisierung und Trennung noch zureicht.

Wie man nun auch die allgemeinen Vorschriften gegenüber den besonderen abgrenzen möge, eines ist von vornherein sicher: die allgemeinen Vorschriften sind eben nur deshalb allgemein, weil sie eine gleichmässige Ergänzung zu jedem der einzelnen Sonderrechtsteile, für die sie allgemein sind, bilden; der Sonderrechtsteil ist ohne diese allgemeinen Vorschriften nur ein Torso, sie bilden mit ihm zusammen erst ein in der Wirklichkeit verwendbares Ganzes, und sachlich kann es keinerlei Unterschied machen, ob die gemeinsamen Vorschriften bei jeder einzelnen Gruppe von Rechtssätzen, auf die sie berechnet sind, besonders ausgedrückt oder durch Verweisung herangezogen, oder ob sie als allgemeine im Gesetz oder in der theoretischen Arbeit vorangestellt werden. Es liegt hier lediglich ein Unterschied in der Technik vor.

Man kann demnach von diesen Sätzen mit gleichem Fug sowohl sagen, sie gehörten allen einzelnen Sonderrechtsteilen, für die sie berechnet sind, an, wie auch, sie gehörten ihnen nicht an, sondern bildeten ihnen gegenüber einen eigenen Rechtsteil. Daraus folgt aber: die Vorbehaltsbestimmungen, von denen hier die Rede ist, können, wenn man nur ihre Wortfassung in Betracht zieht, in beiderlei Weise aufgefasst werden: fasst man sie enger auf, so sind diejenigen Vorschriften, die allgemeiner sind, nicht mit vorbehalten; fasst man sie weiter auf, so sind auch alle diejenigen Vorschriften mit vorbehalten, die sich zwar nicht allein, aber doch auch auf dieses besondere sachliche Gebiet beziehen. Welche Auslegung die richtige ist, geht aus der Wendung des Gesetzes selbst nicht hervor.

Aber es gibt andere Erwägungen, welche für diese engere Auslegung der Vorbehalte sprechen.

Selbst wenn sachliche Gründe zu ihren Gunsten fehlten, die eine und die andere Auslegung vielmehr sachlich gleich wahrscheinlich wären, würde man die engere doch vorziehen müssen.

Prinzipiell sollte ja zweifellos die ganze Rechtseinheit hergestellt und nur einzelne Ausnahmen sollten gemacht werden: die Ausnahmen, wie sie gemäss der einen und der anderen Auslegung lauten, verhalten sich nun nicht wie ein So und Anders, sondern wie ein Mehr und Minder zu einander: da wird man berechtigt sein zu sagen, dass, wenn das Mehr nicht bewiesen werden kann, es bei dem Minder, in dem ja beide Auslegungen zusammenstimmen, bleiben muss; in einem derartigen Streit gibt es natürlich keine Beweislast, aber wie das BGB. in seinen privatrechtlichen Vorschriften überall durch den einschränkenden Satz „soweit nicht" ausdrückt, dass die Vermutung gegen die Einschränkung spricht, so wird man auch berechtigt sein, Ausnahmen von dem Prinzip des Art. 55, der ebenso gefasst ist, solange zu verneinen, wie nicht ein Beweis für sie erbracht ist, also auch das Mehr an Ausnahmen, das nach der weiteren Auslegung gegenüber der engeren vorhanden sein würde, im Zweifel zu leugnen.

Es ist wohl nur ein anderer Ausdruck dieses Gedankens, wenn man für die engere Auslegung den Zweck des Gesetzes geltend macht. Sicher darf man dem deutschen Gesetzeswerk seiner Entstehungsgeschichte und jetzigen Gestalt nach die Tendenz zusprechen, möglichst viel an Rechtseinheit herzustellen: Umfang und Wert der Rechtseinheit wäre aber in der That sehr gemindert, wenn die gesamten Privatrechtssysteme der Bundesstaaten, soweit sie früher auf Sondermaterien Anwendung fanden, auch weiter Anwendung finden sollten, ja der Rechtszustand wäre dann jetzt beinahe noch schlimmer, als er vordem gewesen; das praktische Ergebnis der weiteren Auslegung wäre ein so trauriges, dass man es ohne Weiteres als nichtgewollt wird ansehen dürfen.

Auch die Technik unseres Gesetzbuchs selbst unterscheidet öfter zwischen allgemeinen und besonderen Bestimmungen: nicht nur wird ein ganzer „allgemeiner Teil" den vier Sonderteilen des Gesetzbuchs vorangestellt, sondern auch innerhalb der einzelnen Materien sind öfter die Anfangsabschnitte unter dem Titelwort „Allgemeine Vorschriften" zusammengefasst[7]), und auch das EG.

---

7) Bei dem Kauf § 433, dem Grundstücksrecht § 873, dem gesetzlichen Güterrecht §§ 1363 und 1432, der Verwandtschaft § 1589, dem Testament § 2064.

bezeichnet seinen ersten Abschnitt so. Nun ist allerdings diese Systematik des Gesetzbuchs keineswegs einwandfrei, der Begriff der allgemeinen Vorschriften ist nicht überall in gleichem Sinne verwendet; aber so viel geht doch mit Sicherheit hervor, dass unser Gesetzbuch die allgemeinen Vorschriften als selbständige den besonderen gegenüberstellt, wie ja auch an anderen Stellen des BGB. und des EG. von „besonderen" Vorschriften in stillschweigendem Gegensatz gegen allgemeine die Rede ist[8]); wenn daher unser Gesetzbuch selbst irgendwo von Vorschriften spräche, die z. B. dem Sachenrecht angehören, so würde man wohl keinen Zweifel haben dürfen, dass die Vorschriften des „Allgemeinen Teils" des BGB., obwohl sie sachlich ja auch im Gebiet des Sachenrechts Anwendung finden, nicht mitgemeint seien. Dasselbe muss aber entsprechend auch von besonderen Rechtsteilen, die in den Vorbehaltsbestimmungen genannt sind, gelten.

Das EG. selbst enthält in Art. 151 — und nur dort — den Ausdruck „allgemeine Vorschriften der Landesgesetze" (über die Errichtung gerichtlicher oder notarieller Urkunden). Wir haben hier das umgekehrte Bild wie in unserem Fragegegenstand: das BGB. gibt Sonderbestimmungen für Errichtung von Testamenten und Erbverträgen, das EG. aber behält die allgemeinen Vorschriften dem Landesrecht vor. Die Motive V S. 280 zum ersten Entwurf § 1924, aus dem jener Art. 151 stammt, erklären den Ausdruck dahin: „Vorschriften, welche sich nicht auf die Testamentserrichtung im Be-

---

[8]) BGB. §§ 22. 23; EG. Art. 28. 57. 75. 80. 186, 2.

sonderen, sondern auf Errichtung von gerichtlichen oder notariellen Urkunden im allgemeinen beziehen". Auch hier wieder haben wir die gleiche Gegenüberstellung von allgemeinem und besonderem Recht, und auch dies berechtigt zu dem Schluss, dass, wo das EG. von Vorschriften spricht, die einem Sonderrechtsteil angehören, es die allgemeinen Vorschriften nicht mitmeint.

Bei flüchtigerer Betrachtung könnte es scheinen, als sprächen zu Gunsten der weiteren Auslegung Bestimmungen wie z. B. die des EG. Art. 95 Abs. 2. Vorbehalten sind dort in Abs. 1 die dem Gesinderecht angehörenden Vorschriften. Nach der engeren Auslegung würden damit die Vorschriften z. B. über Geschäftsfähigkeit in Bezug auf Rechtsgeschäfte im Gesindeverhältnis nicht mit vorbehalten, vielmehr würde in dieser Beziehung das BGB. massgebend sein. Trotzdem sagt Abs. 2 besonders, die Vorschriften des BGB. über Geschäftsfähigkeit fänden Anwendung; man könnte schliessen wollen, dass sie ohne diese Klausel nicht Anwendung finden würden, dass sich also der Vorbehalt an sich auch auf die allgemeinen Vorschriften erstrecke. Indes diese Klausel erklärt sich ebenso wie alle ähnlichen sehr einfach daraus, dass die Vorschriften des BGB. über Geschäftsfähigkeit selbst dann Anwendung finden sollen, wenn etwa das Landesrecht gerade für Rechtsgeschäfte im Gesindeverhältnis Sonderbestimmungen über Geschäftsfähigkeit gegeben hätte: die Klausel ist also auch bei der engeren Auslegung der Vorbehalte nicht überflüssig, und ein Gegengrund gegen die engere Auslegung ist ihr und ihresgleichen nicht zu entnehmen. Alles abwägend wird man zu dem Ergebnis gelangen, dass die engere Auslegung, wenn schon ein zwingender Beweis für sie nicht geführt werden kann, doch bei weitem vorzuziehen ist.

III.

Dies Ergebnis wird ziemlich allgemein gut geheissen werden. Desto grösseren Meinungsverschiedenheiten ist die Frage ausgesetzt, wie die allgemeinen und die besonderen Vorschriften im Einzelnen von einander abzutrennen sind. Diese gegensätzlichen Ausdrücke sind unendlich häufig in älterer und in neuerer Zeit verwendet worden, nicht immer in gleichem Sinne, nicht immer in voller begrifflicher Schärfe. Sobald dieser Gegensatz aber bei der so bedeutsamen Abgrenzung zwischen Reichs- und Landesrecht als massgebend zu Grunde gelegt wird, muss eine scharfe Trennung versucht werden. Ich stelle also die Frage dahin: welches sind im Sinne des EG. vorbehaltene Sondervorschriften im Gegensatz gegen die nicht vorbehaltenen allgemeinen Vorschriften? wobei der Sicherheit halber noch einmal ausdrücklich bemerkt sein mag, dass auch die allgemeinen Vorschriften, zu denen die besonderen in Gegensatz stehen, Vorschriften des Landesrechts sein müssen, anders ausgedrückt: eine landesrechtliche Vorschrift im Sinne jener Frage kann eine besondere immer nur sein gegenüber den allgemeinen Vorschriften eben dieses **Landesrechts**.

Die äussere Zugehörigkeit der einzelnen Vorschrift zu einem landesrechtlichen Spezialgesetz kann jedenfalls nicht entscheidend sein. Einmal kommt ja überhaupt nichts darauf an, wie das **Landesgesetz** den

Begriff der allgemeinen und der besonderen Vorschriften abgrenzt, ermittelt werden soll vielmehr, wie diese Begriffe im Sinne des Einführungsgesetzes von einander zu trennen sind. Sodann beweist die Stellung des einzelnen Gesetzessatzes innerhalb der landesrechtlichen Kodifikation noch nicht ohne Weiteres, ob er im Sinn des Landesrechts selbst ein allgemeiner oder ein besonderer ist.

Eine sachlich nur auf diesen Sonderrechtsteil sich beziehende Vorschrift kann doch (man denke nur an Verjährungsbestimmungen) im allgemeinen Teil des Gesetzbuches, oder nach einem anderen Gesichtspunkt geordnet mit Sonderbestimmungen anderer Sonderrechtsteile in einem dritten Gesetz vereinigt sein; umgekehrt können allgemeine Bestimmungen rein aus Gründen der Technik im besonderen Gesetz wiederholt sein. Sicherlich wird ein die Sondermaterie behandelndes Gesetz der Hauptmasse nach gerade das Sonderrecht enthalten, aber ein unterscheidendes Merkmal lässt sich hieraus nicht herleiten, und schliesslich gibt es ja doch genug Sondermaterien, in denen es an einer Kodifikation überhaupt noch fehlt. Ob nicht nach andrer Richtung hin der Stellung, welche die einzelne Vorschrift in der Technik des Gesetzes hat, Bedeutung zukommt, wird später noch zu erwägen sein.

Methodisch scheint es am nächsten zu liegen zuzusehen, was es für Vorschriften sind, die das BGB. (nebst dem EG.) selbst als „allgemeine Vorschriften" den „besonderen" da, wo es eine dieser Bezeichnungen gebraucht, gegenübergestellt, und danach den Begriff zu formen. Aber die eben angestellten Erwägungen zeigen, dass dieser Weg nicht zum Ziel führt. Das Gesetzbuch schafft seine Einteilungen nicht im Dienst strenger Systematik sondern rein aus Gründen der Nützlichkeit, und der rascheste Blick bereits überzeugt, dass es sehr verschiedenartige Gesichtspunkte sind, nach denen es die Vorschriften auswählt, die es unter dem Rubrum der „allgemeinen Vorschriften" zusammenstellt; vielfach ist auch bloss die Verlegenheit bei der systematischen Einordnung Ursache, dass eine beliebige Vorschrift als sonst heimatlos zu den allgemeinen gestellt wird. Selbst die speziellsten Vorschriften über juristische Personen werden in den allgemeinen Teil gestellt, z. B. die Vorschriften über das Schicksal ihres Vermögens nach ihrem Erlöschen: mit dem gleichen Recht könnte auch das gesamte Erbrecht im allgemeinen Teil bei den „natürlichen Personen" abgehandelt werden. Warum die Vorschriften über Gewährleistung wegen Mängel der Sache beim Kauf weniger allgemein sind als die über Gewährleistung wegen Mängel im Rechte, ist nicht abzusehen, und doch sind die letzteren den ersteren als „allgemeine" vorangestellt (§§ 433 und 459). § 2064 steht unter den „allgemeinen Vorschriften" über Testamente: ebenso gut könnte dort aber der ganze siebente Abschnitt des Testamentsrechts (§ 2229 ff.) Platz finden. Das Internationale Privatrecht steht unter den allgemeinen Vorschriften des EG., aber sicherlich ist es nicht mehr allgemein als die Übergangsbestimmungen, die in einem eignen, dem vierten Abschnitt folgen. Kurz, man kann mit Sicherheit sagen, dass das BGB. und EG. das Wort „allgemeine Vorschriften" nicht in einem scharf abgrenzbaren und völlig einheitlichen Sinn gebrauchen, wenn schon in den Hauptfällen, wie ich glaube, der Sinn ausgedrückt ist, den ich nachher mit diesem Worte verbinden möchte.

Ebenso wenig lässt sich aus dem Gebrauch des Ausdrucks „besondere Vorschriften" im BGB. und EG. ein sicherer Schluss ziehen [9]).

Wir sind demnach auf allgemeine Erwägungen angewiesen. Und da sind, soweit ich sehe, nur zwei Möglichkeiten der Unterscheidung überhaupt denkbar.

Da der eine Sonderrechtsteil vom anderen sich ohne Zweifel durch die Art der Thatsachen, deren rechtliche Behandlung die Vorschriften betreffen, unterscheidet, so wäre es möglich, auch die allgemeinen und die besonderen Vorschriften nach der Art der behandelten Thatsachen abzugrenzen und dem allgemeinen Teil alle Vor-

---

[9] In BGB. §§ 22 und 23 und EG. Art. 75 und 80 sind besondere Vorschriften des Reichsrechts solche, die sich speziell auf diese Materie beziehen, ohne dass sie notwendig von dem allgemeinen Reichsrecht inhaltlich abweichen müssten; in EG. Art. 28 ist besondere Vorschrift eine solche, die für dieses spezielle Verhältnis etwas von den allgemeinen Vorschriften derselben Rechtsordnung abweichendes festsetzt; ähnlich EG. Art. 186, 2. Zweifeln kann man, ob EG. Art. 57 unter „besonderen Vorschriften der Hausverfassungen oder der Landesgesetze" solche versteht, die für die Verhältnisse der Landesherren u. s. w. etwas von den allgemeinen Bestimmungen der Landesrechte Abweichendes festsetzen, oder solche, die nur diese Verhältnisse speziell betreffen, wenn schon sie mit den allgemeinen landesrechtlichen Bestimmungen in Einklang stehen mögen: diese Frage bedarf eigener Behandlung.

schriften über Thatsachen allgemeinen Charakters zuzuweisen, ohne Rücksicht auf die Art der rechtlichen Behandlung. Die Beobachtung zeigt, dass gewisse Thatsachen auf allen sachlichen Rechtsgebieten bedeutsam sind, und dass darum auch in der Theorie (und vielfach ebenso in der Gesetzgebung) die Vorschriften, welche eine solche Thatsache behandeln, zusammengeordnet sind. Als Beispiel diene „Geschäftsfähigkeit", „Irrtum", „Stellvertretung". Trennt man die Rechtssätze, die über derartige Thatsachen handeln, als allgemeine von den anderen ab, so hätte das den grossen Vorteil, dass man eine für das vorhandene Recht wie für die zukünftige Gesetzgebung (EG. Art. 3) vollkommen einheitliche Abgrenzung erhielte. Im Strafrecht sind ähnliche Versuche, objektiv die allgemeinen und die besonderen Fragen zu unterscheiden, gemacht; die Aufgabe ist dort infolge der vile einfachern und sicherern Systematik leichter lösbar als im bürgerlichen Recht. Ich leugne keineswegs, dass eine solche Trennung für andre Zwecke Wert haben kann, aber eine wirkliche Unterscheidung der allgemeinen und besonderen Vorschriften haben wir damit nicht gewonnen: Vorschriften über allgemein wichtige Thatsachen sind darum noch nicht allgemeine Vorschriften. Denn jede Vorschrift enthält ein doppeltes inhaltliches Element: die behandelte Thatsache und die angeknüpfte rechtliche Behandlung, die eine Vorschrift unterscheidet sich also von der anderen nicht nur durch die Art der behandelten Thatsache, sondern auch durch die Art der Behandlung; es ist willkürlich ihre „Allgemeinheit" nur nach dem ersten Element zu beurteilen. Sieht man näher zu, so findet man, dass die angebliche Allgemeinheit der behandelten Thatsache vielfach nur ein falscher, durch eine willkürliche Abstraktion hervorgebrachter Schein ist. Ob die Abstraktion berechtigt ist, kann sich nur durch die Betrachtung der rechtlichen Behandlung ergeben. Wenn beispielsweise der Irrtum oder die Geschäftsfähigkeit bei der Eheschliessung und den letztwilligen Verfügungen verschieden behandelt wird, so zeigt sich eben dadurch, dass die von dem Gesetz behandelte Thatsache nicht der Irrtum und die Geschäftsfähigkeit als solche sind, sondern der Eheschliessungs-Irrtum, die Testamentsfähigkeit u. s. w. Es kommt also darauf an, welchen Ausschnitt aus den wirklichen Thatsachen der Rechtssatz als für diese rechtliche Behandlung erheblich herausgehoben, welche anderen Thatsachen er unerheblich gelassen hat: von den letzteren und nur von ihnen darf man abstrahieren. Welches in Wahrheit die behandelte rechtliche Thatsache ist, kann man nur durch die Betrachtung dieser Behandlung selbst erfahren: der Versuch, lediglich nach der Natur der behandelten Thatsachen, ohne Rücksicht auf die Art der rechtlichen Behandlung allgemeine und besondere Vorschriften zu unterscheiden, befriedigt also nicht. Die Rechtsvorschrift besteht aus beiden Elementen: ihr Charakter als allgemeine oder besondere muss daher beide Elemente umfassen.

Da nun jeder Differenzierung der rechtlichen Behandlung auch eine Differenzierung der behandelten Thatsachen entsprechen muss, so wird man notwendig dazu gedrängt, den Unterschied der allgemeinen und der besonderen Vorschrift lediglich nach der Art der rechtlichen

Behandlung zu machen. Will man den Unterschied überhaupt machen, so kann das in genügender Weise nur so geschehen. Findet sich z. B., dass die Geschäftsfähigkeit bei letztwilligen Verfügungen anders behandelt wird als bei Geschäften unter Lebenden, so muss das aus Gründen hervorgehen, welche in der besonderen Natur gerade der letztwilligen Verfügungen wurzeln: die Vorschrift wäre also eine besondere, keine allgemeine, wenn schon man theoretisch die Lehre von der Geschäftsfähigkeit allgemein darstellen kann; es handelt sich dann nur um eine Zusammenstellung aller, auch der besonderen Vorschriften, welche die Geschäftsfähigkeit betreffen.

Demnach würden wir als besondere Vorschriften die anzusehen haben, welche für diese bestimmte Art von Lebensverhältnissen etwas Besonderes festsetzen, mag die Thatsache, für welche die Festsetzung erfolgt, bloss auf diesem Lebensgebiet vorkommen, oder mag sie, abstrakter aufgefasst, auch auf anderen Lebensgebieten Gegenstand rechtlicher Normierung sein. Die Besonderheit der rechtlichen Behandlung[10], welche eine Vorschrift zur Sondervorschrift stempelt, kann einmal darin liegen, dass in dem Thatbestand für das Eintreten einer gewissen Rechtswirkung, wie er sonst genügt und erforderlich ist, etwas geändert wird: es wird ein **Mehr an Voraussetzungen** erfordert oder eine sonst erforderliche Voraussetzung wird fallen gelassen, oder es wird einem Thatbestand, der diese Wirkung nach allgemeinem Recht

---

[10] Ich lasse den Begriff des „anomalen" Rechts völlig aus dem Spiel; er ist wenigstens für die hier verfolgten Zwecke „unfruchtbar", s. Regelsberger, Pandekten I S. 126 fg.

erzeugt, diese Kraft überhaupt genommen, oder es wird die Rechtswirkung an einen ganz neuen Thatbestand geknüpft. Die Besonderheit kann ferner darin liegen, dass die Wirkung, welche genau dieser selbe Thatbestand, nach allgemeinem Recht hat, modifiziert oder ganz anders bestimmt wird.

Die allgemeinen Vorschriften, die diesen besonderen gegenüberstehen, sind ihrerseits von zweierlei Art. Die einen sind Teilrechtssätze: sie bilden erst mit Vorschriften der besonderen Teile einen ganzen Rechtssatz, die anderen sind eigne ganze Rechtssätze. Dieser Unterschied setzt eine bestimmte Vorstellung über die Einheit und Mehrheit von Rechtssätzen voraus. Ich sehe die materielle Einheit des Rechtssatzes dadurch als gegeben an, dass an einen Thatbestand eine bestimmte Rechtswirkung geknüpft wird. Teilrechtssätze sind demnach solche, welche nur von einzelnen Momenten des Thatbestands (bejahend oder verneinend) handeln oder nur bezüglich der Wirkung, ohne sie anzuordnen, etwas Näheres bestimmen. Diese Teilrechtssätze sind allgemein, wenn sie ein Thatbestandsmoment für mehrere Thatbestände gemeinsam regeln, z. B. sagen, welche Eigenschaften eine Person haben muss, um ein Rechtsgeschäft giltig abzuschliessen, oder wenn sie etwas gemeinsames über die bei mehreren verschiedenen Thatbeständen eintretende rechtliche Wirkung aussagen, z. B. die Machtfülle, die das Pfandrecht verleiht, näher begrenzen. Eine besonders wichtige Rolle unter diesen gemeinsamen Teilrechtssätzen spielen die begriffsentwickelnden Rechtssätze, wie z. B. der Satz „Geschäftsunfähig ist, wer...", Sätze, die dazu bestimmt sind, einen in den einzelnen Vorschriften vorkommenden Rechtsbegriff seinem Inhalt und Umfang nach näher zu begrenzen, also zur Auslegung dieser anderen Vorschriften zu dienen. Es giebt aber auch ganze selbständige Rechtssätze von allgemeinem Charakter. Ein solcher ist z. B. der Rechtssatz, welcher sagt: Schuldverhältnisse erlöschen durch Erlassvertrag. Er ist ein ganzer Rechtssatz, denn er gibt einen Thatbestand und eine Rechtswirkung an; und er ist allgemein, denn er bezieht sich grundsätzlich auf alle Forderungsrechte, welcher Art sie auch sein mögen, und ist nur der Kürze halber, anstatt für jede einzelne Art von Forderungsrecht wiederholt zu werden, gemeinsam vorangestellt.

Es zeigt sich sofort, dass die Vorschriften, die nicht Sondervorschriften sind, weit über das hinaus reichen, was man den allgemeinen Teil nennt. Der Unterschied zwischen 'besonders' und 'allgemein' ist ganz relativ. Der reiche und verwickelte Inhalt des bürgerlichen Rechts erlaubt es nicht, nur einen allgemeinen Teil allen Sonderteilen gegenüber zu stellen, sondern zwingt dazu, systematisch zwischen den allgemeinsten Vorschriften und den am meisten besonderen eine ganze Zahl von Zwischengliedern aufzubauen. Jede Vorschrift, die für mehrere einzelne Rechtsteile gelten will, ist diesen gegenüber eine allgemeinere, mag sie selbst auch in Beziehung auf eine noch allgemeinere als Sonderrecht erscheinen. Um nur ein rohes Beispiel zu nehmen: gegenüber den Grundsätzen des sog. allgemeinen Teils über Rechtsgeschäfte bilden die Vorschriften über Schuldverträge einen besonderen Teil, diesen gegenüber wieder die über gegenseitige Schuldverträge; die über den Dienstvertrag bilden im Verhältnis zu jenen Sonderrecht und sind zugleich allgemeines Recht gegenüber den Vorschriften über den Gesindevertrag. Es kommt hinzu, dass diese ganze Überordnung und Unterordnung von Rechtssätzen keineswegs aus einem Prinzip heraus geschieht, so dass eine einheitliche hierarchische Gliederung vorhanden wäre, vielmehr kreuzen sich die Gesichtspunkte für die Über- und Unterordnung mannigfach. Will man nach alledem in dieser ganzen Masse von Rechtsvorschriften wirklich das Sonderrecht eines bestimmten Rechtsteils als das diesem Rechtsteil eigentümliche Recht abscheiden, so steht ausserhalb der Grenzlinie jede Vorschrift, welche nicht lediglich auf diesem Sonderrechtsgebiet Anwendung findet sondern auch anderswo, mag der übergeordnete Bezirk den Bezirk des Sonderrechts noch so wenig überragen und mag der Gesichtspunkt der Überordnung sein welcher er wolle.

Aber damit gelangen wir offenbar zuweit. Unvermerkt sind wir anstatt zu dem gesuchten Begriff der allgemeinen Vorschriften zu dem Begriff der inhaltlich übereinstimmenden Vorschriften gekommen. Jedenfalls im Sinn der Vorbehaltsbestimmungen müssen wir den gesuchten Begriff enger fassen: eine Vorschrift kann für mehrere Einzelmaterien inhaltlich übereinstimmend und braucht darum doch noch keine allgemeine zu sein.

Stellt man sich einer vorhandenen Rechtsordnung bearbeitend gegenüber, so kann man beliebig durch immer blasser werdende Abstraktionen gemeinsame Sätze, sei es gemeinsame Grundsätze, sei es gemeinsame Begriffe

und darum begriffsentwickelnde Sätze, herausdestillieren;
wenn man insbesondere auf dem Wege der von Jhering
einst so meisterhaft geschilderten Analyse weiter und
weiter fortschreitet, so wird man leicht zu neuen Elementen kommen, die sich ebenso in anderen Rechtssätzen finden, und gewinnt dann durch Zusammenfassung
gemeinsame Sätze für dieses Element, die sich darum
eben als allgemeinere Sätze darstellen; dies alles derart,
dass schliesslich für die einzelnen Sonderteile nur verschwindend geringe Lokalwerte übrig bleiben. Das ist
schliesslich doch Willkür. Vielmehr muss man, um von
wirklich allgemeinen Vorschriften reden zu können, zu
der objektiven Übereinstimmung des Satzes noch ein
subjektives, ein Bewusstseinsmoment hinzunehmen.

Sprechen wir zunächst nur vom Gesetzesrecht.
Dabei muss ich damit beginnen, an Bekanntes zu erinnern.

Die rechtliche Behandlung der Thatsachen soll kritisch
betrachtet, in der Natur der behandelten Thatsachen ihre
Rechtfertigung finden. Nun sind die der rechtlichen Ordnung bedürftigen Thatsachen konkrete, das Gesetz hingegen soll abstrakt sein[11]); jede Gesetzgebung muss also
von gewissen Thatsachenmomenten abstrahieren und die
ebenfalls abstrakt bezeichnete rechtliche Behandlung nur
an das Dasein gewisser anderer Momente knüpfen, sie
setzt gewisse Momente als unerhebliche Variable und

---

11) Auch die in EG. Art. 57 behandelten Bestimmungen
sind abstrakt, denn sie beziehen sich auf einen durch ein
Merkmal abgegrenzten, freilich sehr engen Kreis von Personen.

gewisse andere als massgebende Konstante; dabei mag sie durch die Art, wie sie die Rechtsfolge enger oder weiter bestimmt, dem Richter einen grösseren oder geringeren Spielraum für die Berücksichtigung jener variablen Momente in seiner konkreten Entscheidung einräumen, jedenfalls aber sind für die Rechtsfolge so, wie sie im Gesetz gefasst ist, jene variablen Momente gleichgiltig. Die konstanten Momente müssen es sein, in denen das Gesetz die Rechtfertigung der rechtlichen Behandlung sieht, mit anderen Worten: das für die abstrakte rechtliche Behandlung begründende Moment wird durch einen Ausschnitt der wirklichen Thatbestände gebildet. Auf diesem Wege der Abstraktion kann beliebig weit fortgeschritten werden: je mehr Merkmale des Falles als gleichgiltig gesetzt werden, desto grösser wird das Gebiet der beherrschten Fälle.

Für unsere Aufgabe der Begriffsabgrenzung des allgemeinen und besonderen Rechts können wir nunmehr sofort ein Doppeltes feststellen. Dem Gesagten zufolge ist jeder Rechtssatz, auch der ganz besondere, den konkreten Fällen gegenüber schon ein allgemeiner; sprechen wir also von dem Gegensatz zwischen allgemeinem und besonderem Recht, so meinen wir damit nur einen Gradunterschied in der Allgemeinheit der an sich schon abstrakten Rechtssätze: der abstrakte Satz ist darum noch kein allgemeiner im Sinne der gesuchten Unterscheidung.

Übrigens wird auch der Gesetzgeber nur in den seltensten Fällen von der Betrachtung ganz konkreter Fälle ausgehen, gewöhnlich wird sich ihm bereits eine abstrakte Gruppe von Fällen als erstes Überlegungsobjekt darstellen, eine Gruppe, bei der, so eng begrenzt sie sein mag, doch bereits gewisse thatsächliche Momente als belanglos ausgeschieden sind: die erste abstrahierende Thätigkeit geht nicht bewusst vor sich, oder der Gesetzgeber übernimmt wenigstens ihr schon fertiges Ergebnis.

Sodann ein Zweites. Damit wir von allgemeinem oder auch nur von übereinstimmendem Recht sprechen können, müssen wir nach irgend einer Richtung hin einen besonderen Satz, der als Rechtssatz selbst noch abstrakt ist, als Gegensatz haben; mindestens für eines der thatsächlichen Lebensverhältnisse (abstrakt genommen), für die der allgemeine Satz gelten will, muss nach irgend einer beliebigen anderen Richtung hin auch irgend ein eigener, dieses Lebensverhältnis von anderen, sonst gleichartigen abscheidender Rechtssatz gelten. Erst durch einen solchen nur für es allein geltenden Rechtssatz bekommt und verdient dieses Lebensverhältnis juristische Individualität. Diese nach irgend einer Richtung hin besonders behandelten abstrakten Lebensverhältnisse sind die untersten Einheiten, von denen die juristische Betrachtung systematisierend ausgehen kann.

Von hier aus scheint es mir nun möglich, zu einer befriedigenden Abgrenzung des Begriffs der allgemeinen Bestimmungen zu kommen.

Haben wir einen Rechtssatz, der für mehrere sich derartig juristisch unterscheidende abstrakte Lebensverhältnisse gleicher Weise zutreffen, also nach irgend einer Richtung hin für sie eine übereinstimmende juristische Behandlung festsetzen will, so ist dieser Satz dann ein allgemeiner, wenn dem Gesetzgeber das, was an der thatsächlichen Natur dieser Lebensverhältnisse gemeinsam ist, auch als das die gleiche Entscheidung begründende und rechtfertigende Moment erscheint, wenn der Gesetzgeber also nicht nur eine Mehrheit von Einzelentscheidungen, die, jede auf ihren besonderen Gründen beruhend, im Ergebnis zusammentreffen, zur Abkürzung in eine gemeinsame Formulierung zusammenfasst, sondern wenn er die Einheit der Entscheidung als aus einer einheitlichen Gerechtigkeits- und Zweckmässigkeitserwägung herfliessend begreift.

Am sichersten ist der Allgemein-Charakter eines Satzes dann, wenn, was so und so oft der Fall ist, der abstrakte Satz in der gesetzgeberischen Erwägung seinen konkreten Anwendungsfällen vorausgeht. Die Überzeugung von seiner Gerechtigkeit oder Zweckmässigkeit beruht nicht auf einer bewussten Durchprüfung der Einzelheiten, sondern hat sich entweder aus Erwägungen allgemeiner Art eingestellt oder ist auch bloss traditionell überkommen. Von vornherein sieht man nur das Gemeinsame gewisser (an sich bereits abstrakt gedachter) Thatsachen und stellt den allgemeinen Satz hin in dem Vertrauen, dass er trotz aller Verschiedenheit der wirklichen Thatbestände im einzelnen, die man nicht übersieht, doch geeignet sein werde. Dass diese Art der Bildung allgemeiner Sätze häufig ist, erkennt man leicht, man braucht nur die Vorarbeiten zu einer Gesetzeskodifikation wie der deutschen durchzusehen. Wenn unser Gesetzgeber z. B. den Satz aufstellt, dass Kinder unter 7 Jahren geschäftsunfähig sind, so ist der Satz nicht so entstanden, dass alle möglichen Rechtsgeschäfte durchgemustert und für jedes von ihnen die Zweckmässigkeit oder Gerechtigkeit jenes Satzes festgestellt ist, sondern von vornherein operierte der Gesetzgeber mit dem abstrakten Begriff 'Rechtsgeschäft', und suchte für diesen die Frage, wer zur Errichtung fähig sei, zu lösen. Selbstverständlich ist auch hier einmal eine induktive Arbeit vorausgegangen, deren Ergebnis die Schaffung des abstrakten Begriffs 'Rechtsgeschäft' war; aber das liegt vor der jetzigen gesetzgeberischen Arbeit und wird von dem Gesetzgeber jetzt nicht mehr wiederholt.

Ebenso unzweifelhaft ist aber auch dann der Rechtssatz ein allgemeiner, wenn er zwar auf dem Wege der Induktion, aber einer unvollständigen Induktion gebildet ist. Der Gesetzgeber sucht zunächst für eine bestimmte sich ihm zur Betrachtung darstellende Fallgruppe die gerechte Entscheidung; dann unterwirft er eine oder mehrere andere Gruppen ebenfalls der Untersuchung und kommt hier zur gleichen Entscheidung; nunmehr die Gruppen mit einander ihrer thatsächlichen Natur nach vergleichend findet er, dass es hier und dort gleiche thatsächliche Momente sind, aus denen er die rechtliche Behandlung begründet, und zwar thatsächliche Momente, die sich auch noch in anderen von ihm nicht betrachteten Fällen vorfinden können, und so thut er den entscheidenden Schritt: er spricht den abstrakten Satz, dass solchen Thatsachen solche rechtliche Behandlung zukomme, als gemeinsamen aus, ohne ihn in allen seinen möglichen Anwendungsfällen sich vorher zu vergegenwärtigen, auch hier in dem Vertrauen, dass er trotz aller Verschiedenheit der wirklichen Thatbestände im einzelnen doch überall geeignet sein werde.

Es scheint hiernach, dass wir den Gegensatz zwischen wahrhaft allgemeinen und bloss thatsächlich übereinstimmenden besonderen Vorschriften in dem Merkmal der Ü b e r s e h b a r k e i t der Anwendungsfälle finden. Und ich wiederhole, dass allerdings jeder Satz, dessen abstrakte Anwendungsfälle unübersehbar sind, sich dadurch bereits objektiv als allgemeiner kennzeichnet. Wir haben hier ein an dem Gesetz selbst deutlich hervortretendes und jede Willkür in der Grenzziehung ausschliessendes objektives Merkmal. Indes auch bei Übersehbarkeit der Einzelfälle kann die Bestimmung doch eine allgemeine sein; hier nun liegt die Schwierigkeit der Unterscheidung.

Beispielsweise stellt das BGB. in § 873 ff. „Allgemeine Vorschriften über Rechte an Grundstücken" — so lautet die Überschrift — auf, die auch im Sinne unserer Untersuchung nicht bloss gemeinsam, sondern wahrhaft allgemein genannt werden dürfen: und doch ist die Zahl der dinglichen Rechte begrenzt, ihre Reihe übersehbar, ja § 873 nennt sogar das Eigentum ausdrücklich. Wir haben in § 873 also eine Vorschrift, die von der Übertragung des Eigentums an Grundstücken spricht und doch nicht den besonderen Vorschriften gerade über den Erwerb des Eigentums an Grundstücken (§ 925 ff.) angehört. Worin ist nun in diesem und in anderen Fällen von Übersehbarkeit der Anwendungen der Unterschied zwischen bloss gemeinsamer und wirklich allgemeiner Bestimmung zu finden?

Man erlaube einen Vergleich. Bekannt ist der Streit über die Unterscheidung zwischen Gattungs- und Alternativschuld in Fällen, wo die vom Verfügenden durch

Merkmale bezeichnete Gattung nur eine beschränkte, von dem Verfügenden übersehbare Zahl von Gegenständen umfasst (z. B. „eines der mir gehörigen Bilder"). Dass der Verfügende die Gegenstände, statt sie einzeln zu nennen, durch gemeinsame Merkmale bezeichnet, kann für sich allein nicht entscheidend sein. Man erinnere sich der bekannten Kontroverse zwischen Papinian und Marcellus [12]). Die Verfügung betrifft einen der dem X gehörigen Sklaven; Papinian sagt, dass die Verfügung „orationis compendio singulos homines continet", Marcell hingegen nimmt für den gleichen Fall eine Gattungsschuld an. Beide können Recht haben: es kommt auf den Parteiwillen an. Der Verfügende kann in der That nur diese einzelnen drei Sklaven, auf die das Merkmal der beschränkten Gattung (hominem ex his, quos Sempronius reliquit) zutraf, gemeint und nur, statt sie einzeln zu erwähnen, abkürzungshalber sie durch ein gemeinsames Merkmal bezeichnet haben; ebensogut kann aber auch das für seinen Verfügungs-Entschluss bestimmende Moment gerade dies gewesen sein, dass die Sklaven dem Sempronius gehörten, während die Individualität dieser Sklaven ihm gleichgiltig war, derart also, dass, wenn zufällig Sempronius noch einen vierten Sklaven hinterlassen hätte, auch dieser mit gemeint sein würde.

Gerade so steht es für die Wesensbestimmung der generellen Vorschriften. Es mag sein, dass der Gesetzgeber zuerst die sämtlichen Einzelanwendungen durchgearbeitet hat, für jede gesondert zu einer Entscheidung

---

12) L. 66 § 3 D. 31, l. 72 § 4 D. 46, 3.

gekommen ist und dann erst durch Abstraktion die Gleichartigkeit der Anwendungsfälle herausgefunden hat: entscheidend ist, worin er die Rechtfertigung der rechtlichen Behandlung sieht, ob er die gemeinsamen Momente auch als das allein Bestimmende für die gemeinsame rechtliche Behandlung erkennt, derart, dass ihm nachher die Anwendung der Vorschrift auf gerade diesem oder auf gerade jenem Sondergebiet nur als eine Folgerung erscheint, ja dass sogar, wenn irgendwo noch ein weiterer von ihm nicht betrachteter Fall sich finden sollte, in dem der gleiche abstrakte Thatbestandsausschnitt verwirklicht wäre, er von jenem Grundsatz auch Anwendung machen würde. Diese Charakterisierung der 'allgemeinen' Bestimmungen passt z. B. auf den angeführten § 873: hier ist es die gemeinsame und als gemeinsam erkannte Natur der dinglichen Rechte, derenthalben der Gesetzgeber die angeordnete rechtliche Behandlung eintreten lässt. Den Gegensatz bilden die Fälle, wo der Gesetzgeber entweder aus besonderen, von einander unabhängigen und jedesmal andersartigen Erwägungen für jedes der mehreren Verhältnisse zu Entscheidungen kommt, die sich nachher als thatsächlich übereinstimmend herausstellen und die er darum vielleicht auch des compendium orationis halber gemeinsam formuliert, oder wo er die für ein Lebensverhältnis getroffene Regelung auf ein anderes Lebensverhältnis überträgt, ohne doch einen für beide Materien gemeinsam massgebenden höheren Gesichtspunkt zu finden, mehr aus einem Gefühl der Ähnlichkeit heraus.

Um demnach zu ermessen, ob die Bestimmung wirklich eine allgemeine im Sinne des Gesetzes ist, müssen wir uns auf den Standpunkt des Gesetzgebers stellen, natürlich nicht in dem Sinne, dass wir die persönliche Auffassung dieser oder jener zufällig bei der Gesetzgebung beteiligt gewesenen Person zu erforschen suchen — das Gesetzeswerk als solches existiert losgelöst von der historischen Zufälligkeit der an seiner Schöpfung beteiligten Personen —, sondern dass wir aus dem objektiv vorliegenden Werk unseren Schluss ziehen. Nun wird freilich das Gesetz meist nichts über die Gründe, durch die es den aufgestellten Satz rechtfertigt, enthalten; es scheint also, als kommen wir hiermit doch in den Bereich rein subjektiver Vermutungen. Ich möchte dem gegenüber darauf hinweisen, dass wir derartige Erwägungen über den rechtfertigenden Grund des einzelnen Satzes, auch von unserer besonderen Aufgabe abgesehen, nicht entbehren können, die vernünftige Anwendung des Satzes in der Praxis ist daohne nicht möglich — man denke nur an die immer notwendige Ausdeutung der gebrauchten Begriffsbezeichnungen: um z. B. zu wissen, was im Sinne des Reichshaftpflichtgesetzes „Betrieb einer Eisenbahn", was „höhere Gewalt" ist, ist es unerlässlich, sich darüber klar zu werden, was vom Standpunkt des Gesetzgebers aus der rechtfertigende Grund der gesetzlichen Bestimmung oder — das ist letztlich nur ein anderer Ausdruck für das Gleiche — was der Zweck des Gesetzes ist. Ich betone noch einmal: nicht nach den zufälligen Ansichten der konkreten bei dem Gesetzgebungsakt beteiligten Personen fragen wir; wir „hypostasieren" vielmehr einen „normalen" Gesetzgeber, den wir uns nach den gesamten objektiv zur Zeit der Entstehung des Gesetzes vorliegenden Verhältnissen konstruieren, und fragen, was ein solcher Mensch bei Abfassung dieses Gesetzeswerks 'vernünftigerweise' gewollt haben muss. Aber eine nähere Erörterung hierüber muss an dieser Stelle unterbleiben; kam es ja doch nur darauf an, zu zeigen, dass Operationen aus den rechtfertigenden Gründen des Gesetzes heraus uns auch sonst nicht fremd sein dürfen. Können wir aus der Betrachtung des gesamten Gesetzgebungswerks und aus der Vergleichung anderer Bestimmungen keinen Schluss ziehen, so müssen wir aus dem objektiven Stand der juristischen Doktrin, unter deren Herrschaft das Gesetz entstanden ist, entnehmen, in welchen Momenten der Gesetzgeber die Rechtfertigung seines Satzes gesehen hat, und kommen auf diese Weise zu der Feststellung, ob der in Frage stehende Satz nur ein thatsächlich übereinstimmender oder ein wirklich allgemeiner ist. Das mag unter Umständen recht schwierig sein, unmöglich aber ist es nicht.

Eine gewisse Hilfe bietet die technische Art der Formulierung: sie ist nicht entscheidend, kann aber Indizien geben. Wenn das Gesetz eine allgemeiner lautende zusammenfassende Vorschrift gibt und den übrigen Einzelvorschriften gegenüberstellt, so wird sich vermuten lassen, dass sie auch als wahrhaft allgemeine erkannt ist; wenn umgekehrt ein Satz nur inhaltlich übereinstimmend in mehreren auf besondere Lebensverhältnisse bezüglichen Regelkomplexen vorkommt, so wird eher zu vermuten sein, dass die Allgemeinheit der Regel der Auffassung des Gesetzes nach nicht existiere; ist drittens die für ein besonderes Verhältnis gegebene Regel bei einem anderen besonderen Verhältnis durch Verweisung zu entsprechender Anwendung herangezogen[13]), wie z. B. im BGB. § 972, so wird sich freilich eine Vermutung überhaupt nicht aufstellen lassen: die Gemeinsamkeit des rechtfertigenden Gesichtspunkts kann hier so gut vorhanden sein wie fehlen, es kommt rein auf den Fall an. Aber auch jene anderen beiden Vermutungen sind doch eben nur Vermutungen, nicht zwingende Regeln: die Technik der Gesetzgebung folgt ihren eignen Bedürfnissen, sie zerschlägt im Interesse leichterer Fasslichkeit den als allgemein begriffenen Grundsatz in einzelne Regeln für sein Anwendungsgebiet oder macht Verweisungen (z. B. BGB. § 445), sie fasst — dies allerdings wohl seltener, ja sehr selten — thatsächlich übereinstimmendes in gemeinsame Sätze zusammen, obwohl der leitende Gesichtspunkt der Einzelentscheidungen ein verschiedener ist.

Die Hilfe, welche durch die Art der Formulierung für die Feststellung der Allgemeinheit einer Vorschrift gewährt wird, versagt da, wo kein Gesetzgebungsakt in Frage steht, die Vorschrift vielmehr der gewohnheitlichen Übung oder der wissenschaftlichen Fortbildung des vorhandenen Rechts (Analogie und Natur der Sache)

---

13) Anders natürlich, wenn für ein besonderes Verhältnis allgemeine, dieses Verhältnis schon an sich mit betreffende Regeln durch Verweisung herangezogen werden, z. B. in BGB. § 951 die Bereicherungsregeln, in § 601 die Geschäftsführungsregeln: hier wird nur der Zweifel über die Anwendbarkeit der allgemeinen Regeln ausgeschlossen.

ihr Dasein verdankt, sie versagt also insbesondere häufig für das gemeine Recht. Aber das Grundmerkmal der Unterscheidung müssen wir auch hier festhalten. Die gewohnheitliche Übung tritt überhaupt nur in ganz konkreten Fällen zu Tage: will man aus den Übungsakten die Entstehung eines abstrakten Rechtssatzes herleiten, so muss man ohnehin jedes Mal auf die Vorstellungen des Übenden zurückgehen. Man pflegt zu sagen, es komme darauf an, welcher Satz als Rechtssatz geübt sei; das kann aber nur bedeuten: es komme darauf an, welchen Satz der Übende als den die Übungshandlung rechtfertigenden vorgestellt habe, mag die Vorstellung auch undeutlich gewesen sein. Abstrahieren von der Einzelübung müssen wir also bei der Feststellung eines gewohnheitlichen Satzes jedenfalls: auch hier können wir mithin sagen, ein allgemeiner Satz werde geübt, wenn der Übende als die die Einzelübung rechtfertigenden thatsächlichen Momente nur diesen, sich für mehrere Lebensverhältnisse gleichmässig findenden Ausschnitt von Thatsachen deutlich oder auch nur undeutlich vorstelle.

Beim wissenschaftlichen Recht endlich ist die Allgemeinheit, in der der Satz wissenschaftlich erkannt ist, entscheidend, wobei nicht vereinzelte Aufstellungen einzelner Juristen, sondern der Gesamtstand der zur Zeit vorhandenen wissenschaftlichen Entwicklung massgebend ist. Ein grosser Teil der wissenschaftlichen Arbeit in Theorie und Praxis besteht ja darin, aus Einzelheiten, die durch Gesetzgebung oder Gewohnheit Recht geworden sind, höhere Prinzipien, die bei der Schaffung jener Einzelsätze noch nicht erkannt waren, zu gewinnen. Ist das gelungen, so verliert dadurch der im Gesetz enthaltene Sondersatz nachträglich seinen Sonderrechts-Charakter und wird nur zu einer Anwendung des allgemeinen Satzes: die wissenschaftliche Fortentwicklung des Rechts durch Theorie und Praxis vermag den Charakter eines Rechtssatzes auch entgegen der ursprünglichen Auffassung des Gesetzgebers zu bestimmen.

Nach alledem bleibt leider, wie offen zugegeben werden muss, eine gewisse Unsicherheit in der Grenzziehung zwischen allgemeinem und besonderem Recht: keine Mühe wird sie beseitigen können. Und diese Unsicherheit wirkt denn auch auf unser spezielles Fragegebiet ein. Da, wie wir wissen, durch die Vorbehalte nur die besonderen Bestimmungen vorbehalten sein sollen, so muss im einzelnen Fall zugesehen werden, ob wirklich die Bestimmung eine besondere oder ob sie eine allgemeine in dem Sinne ist, dass sie für mehrere Rechtsteile aus gemeinsam angestellten oder nachträglich als gemeinsam begriffenen Erwägungen geschaffen ist. Ein anderes Merkmal ist meines Erachtens nicht auffindbar.

Ist diese Grundunterscheidung einmal als richtig anerkannt, so muss man bei ihrer Durchführung nun auch folgerichtig bleiben: wenn festgestellt ist, dass ein Satz wirklich als allgemeiner besteht, so gibt es keine Möglichkeit, ihn unter irgend einer Devise trotzdem wieder dem Sonderrecht zuzuweisen. Dies geschieht aber in der bisherigen Litteratur sehr vielfach; soviel ich sehe, lässt sich das lediglich auf eine Bemerkung der Motive zum ersten Entwurf des EG. zurückführen — und man sieht an diesem Beispiel wieder den ausserordentlichen

Einfluss dieser Vorarbeit auf die spätere Jurisprudenz. Die Motive [14]) bestimmen zunächst als „durch den Vorbehalt getroffen alle Normen, welche die Regelung der Materie zum Gegenstande haben", setzen dann aber hinzu: „In Kraft bleiben diejenigen bestehenden Vorschriften, welche zwar inhaltlich von dem bisherigen gemeinen Privatrecht nicht abweichen, nach der Absicht des betreffenden Gesetzes aber nicht lediglich die Bedeutung einer erläuternden Wiederholung des ius commune haben, sondern einen Bestandteil des Spezialrechtes bilden sollen". Diese Idee, dass ein Satz des allgemeinen Rechts ungeändert bleiben und doch inhaltlich einen Bestandteil des Spezialrechts bilden könne, wird dann in den Protokollen wiederholt [15]) und von der Litteratur vielfach aufgenommen [16]). Die Motive selbst denken offenbar nur

---

14) S. 148 fg., ebenso schon S. 64. Wiederholt in der „Denkschrift" zu Art. 53.

15) VI S. 600: es komme darauf an, ob das allgemeine Recht „als solches" oder „als eine Besonderheit des betreffenden Gesetzes zur Anwendung kommen solle"; S. 363: ob „der Rechtssatz inhaltlich zu einem Bestandteile des betreffenden Spezialrechts gemacht", ob er „einen selbständigen Teil dieses Landesgesetzes zu bilden bestimmt" sei. Diese Äusserungen beziehen sich wie zum Teil auch die der Schriftsteller auf die Frage, wie weit Verweisungen auf allgemeines Landesrecht trotz EG. Art. 4 ungeändert bleiben; sachlich gehören sie ganz ebenso zu der Frage der Begriffsbestimmung des Sonderrechts.

16) Siehe z. B. Niedner, Kommentar z. EG., 2. A., S. 7. 11. 127 fg. („integrierende Bestandteile"), S. 9 („reine Bezugnahme oder inhaltliche Übernahme allgemeiner Vorschriften")

an den Fall, dass eine besondere Kodifikation für die einzelne Vorbehaltsmaterie existiert, z. B. eine Gesindeordnung, und nun in diesem Gesetz allgemeine Bestimmungen ungeändert wiederholt sind oder auf sie verwiesen ist. Aber selbst in dieser Einengung auf kodifiziertes Recht erscheint mir die Auffassung der Motive mehr als bedenklich.

Was soll der „Wille des Gesetzgebers, dass die Bestimmung einen Bestandteil des Spezialrechtes bilden solle", bedeuten? Jede Bestimmung, die wirklich allgemein ist, bildet unter allen Umständen auch einen Bestandteil des Spezialrechts, darin zeichnet sich keine vor der anderen aus. Wahrscheinlich meinen die Motive dasselbe, was die Protokolle [17]) in folgendem Gegensatz ausdrücken: es sei, „wenn das Landesgesetz" (bei Regelung der besonderen Materie) „eine dem allgemeinen Rechte entnommene besondere Bestimmung enthält, eine **Auslegungsfrage, ob die Bestimmung unter allen Umständen oder ob sie nur deshalb gelten solle, weil sie dem allgemeinen Rechte angehöre"**; ersterenfalls bestehe sie bei Änderung des allgemeinen Rechts doch für die Vorbehaltsmaterie ungeändert weiter, letzterenfalls nicht. Ich versuche diese Worte so zu

---

Dernburg, Bürgerl. Recht II S. 6. Meyer, Hanseat. Gerichtszeitung 1899 S. 262. Crome, System I S. 49: „Anders, wenn die Verweisung nur den Zweck hatte, die vorbehaltene Bestimmung selbst zu präzisieren oder zu erweitern. Dann ist ihr Inhalt in das ius singulare selbst mit aufgenommen".

17) VI S. 600 bei Erwägung der Vorschrift des Art. 4 über die Verweisungen.

interpretieren, dass sie einen möglichst haltbaren Sinn ergeben, wie ja auch wirklich eine richtige Beobachtung ihnen zu Grunde liegt. Da scheint mir nun der Gegensatz so gedacht.

Wenn die Bestimmung nur deshalb gelten soll, weil sie dem allgemeinen Recht angehört, so heisst das: die Thatsache, dass die Vorschrift schon als allgemeine gilt, ist einziges Motiv für den Gesetzgeber, dass er ihre Geltung auch in dieser Sondermaterie will. Er belässt es also auch für diese bei der allgemeinen Bestimmung, ohne damit ihre Geeignetheit auch für gerade dieses Anwendungsgebiet zu bejahen, vielleicht sogar sie verneinend, aber in der Meinung, dass er im Interesse der Durchsichtigkeit und Einfachheit nicht von der allgemeinen Norm abweichen dürfe, oder auch nur dem Gesetz der Trägheit folgend und nicht Willens, bei kleiner Gelegenheit grosse Fragen aufzurollen. Nicht mitgetroffen ist durch diese Charakterisierung der Fall, der sicher am häufigsten vorkommt: der Gesetzgeber belässt es für die Sondermaterie bei der allgemeinen Bestimmung, weil er sie eben hier aus genau denselben Gründen wie in allen anderen Materien für gerechtfertigt hält. Die Thatsache, dass sie bereits allgemein gilt, ist hier nicht Motiv für den Gesetzgeber, sondern die Gründe ihrer allgemeinen Rechtfertigung treffen auch auf diesem speziellen Gebiet zu. Wir sind wohl berechtigt anzunehmen, dass die Protokolle diesen Fall zu dem bisher behandelten rechnen, und nicht zu dem gegensätzlichen, wo die Bestimmung „unter allen Umständen gelten" soll.

Dieser gegensätzliche Fall würde der sein: der Gesetzgeber prüft die Geeignetheit der allgemeinen Vorschrift gerade auch für dieses Anwendungsgebiet durch und bejaht sie, und zwar nicht nur aus den Gründen, aus denen sie sich überhaupt und als allgemeine Bestimmung rechtfertigt, sondern noch aus besonderen nur diesem speziellen Verhältnis angehörigen Gründen heraus; der Gesetzgeber will ihre Geltung in dieser Sondermaterie aus Gründen, welche zutreffen würden, auch wenn die Gründe für ihre allgemeine Geltung etwa nicht stichhaltig sein sollten; er würde sie mithin als Sondervorschrift für diese Materie sogar dann einführen, wenn sie nicht allgemeines Recht wäre. Der Satz hätte in einem solchen Fall, so könnte man sagen, zwei causae. Die eine stützt ihn als allgemeines Recht, die andere dazu noch in dieser besonderen Anwendung, er wäre also zugleich ein allgemeiner und ein besonderer, und wenn er in der ersten Eigenschaft auch beseitigt wäre, bliebe er doch in dieser seiner zweiten Eigenschaft noch bestehen.

Von einem wirklichen Willensakt des Gesetzgebers, dass der Satz auch als Sondersatz gelten solle, wie die Protokolle sich ausdrücken, kann natürlich nicht die Rede sein; der Wille, der das Gesetz schafft, richtet sich auf seine Geltung schlechthin, die Eigenschaft, auch Sondersatz zu sein, kann der Gesetzgeber, wenn die Vorschrift schon als allgemeiner Satz gilt, garnicht wollen; was er bei anderer Lage der Gesetzgebung gewollt haben würde oder bei künftiger Änderung dereinst wollen würde, das hat er doch in Wirklichkeit nicht gewollt. Es handelt sich also höchstens um Überlegungen, um die Gründe, durch welche der Gesetzgeber den Satz als gerechtfertigt ansieht.

Dieser Einwand würde an sich freilich noch nicht durchgreifen: steht ja doch nur die Eigenschaft des Satzes, ein allgemeiner oder besonderer zu sein, in Frage, und wir selbst haben oben diese Eigenschaft nicht aus einem Willensakt des Gesetzgebers, sondern aus seinen Anschauungen über den rechtfertigenden Grund der Geltung des Satzes hergeleitet. Aber diese Überlegungen und Gründe des Gesetzgebers wurden vorher doch nur deshalb für bedeutsam erklärt, weil sie eben Motive für den Gesetzgebungsakt waren: wir erklärten einen Satz für allgemein, wenn die Gründe seiner Einführung für alle speziellen Anwendungsgebiete dieselben waren, hingegen trotz thatsächlicher gleicher Geltung auf mehreren Anwendungsgebieten dann für einen mehrfach vorkommenden Sondersatz, wenn sie auf den verschiedenen Anwendungsgebieten verschieden waren. Wie aber steht es in dem von den Protokollen gemeinten Falle? Wir müssen hier unterscheiden. Ist es ein einheitlicher Gesetzgebungsakt, der den Satz als allgemeinen schafft und zugleich seine Anwendung in dieser speziellen Materie vorschreibt, so wird von einer solchen doppelten Rechtfertigung des Satzes im Sinn des Gesetzgebers thatsächlich schwer die Rede sein können. Führt der Gesetzgeber den Satz als allgemeinen ein, so heisst das: er sieht ihn allgemein, für alle Anwendungsgebiete, als gerechtfertigt an, also auch für dieses besondere Anwendungsgebiet, für das er ihn besonders durchprüft. Auf den Gedanken, dass er noch durch besondere, in der eigentümlichen Beschaffenheit gerade dieser Sondermaterie liegende Gründe in dieser besonderen Anwendung gerechtfertigt sei, also hier gerechtfertigt sein würde, selbst wenn er im allgemeinen nicht gerechtfertigt wäre, wird der Gesetzgeber schwerlich kommen, da er den Satz eben für allgemein gerechtfertigt hält, und selbst wenn er diesen Gedanken hätte, wird sich das doch kaum feststellen lassen: objektiv in die Erscheinung tritt eben nur der Satz als allgemeiner. Denn dass die Wiederholung der allgemeinen Bestimmung in dem Spezialgesetz oder die Verweisung auf sie keinen Ausdruck jener Erwägungen enthalte, geben ja die Protokolle selbst zu: erklären sie es ja doch als eine reine Auslegungsfrage, in welchem Sinn die Verweisung gemacht sei, und sicherlich können es auch rein technische Gründe sein, die den Gesetzgeber dazu veranlassen, den allgemeinen Satz noch einmal durch Wiederholung oder Verweisung bei der Sonderregelung zu erwähnen. Das Interesse grösserer Deutlichkeit oder der Beseitigung etwaiger Zweifel kann diese Erwähnung anraten.

Denkbar ist jene Doppelüberlegung nur, wenn es ein späterer Gesetzgebungsakt ist, der die Sondermaterie regelt, während der allgemeine Satz schon vorher existiert. Hier mag der Gesetzgeber überlegen, ob er den allgemeinen Satz auch für diese Sondermaterie beibehalten soll oder nicht, und er mag zur Bejahung kommen aus besonderen in der eigentümlichen Natur dieses Anwendungsgebiets liegenden Gründen, während er die Rechtfertigung des allgemeinen Satzes nicht mehr anerkennt, seine Änderung für später vielmehr in Aussicht nimmt. Aber trotzdem ändert diese Überlegung, so scheint mir, nichts an der Natur des Satzes als eines lediglich allgemeinen: denn diese Überlegung erwächst ja nicht zum Motiv eines Gesetzgebungsakts, sie ist höchstens ein Motiv, das den Gesetzgeber abhält, den allgemeinen Satz für diese Sondermaterie abzuschaffen und durch einen anderen zu ersetzen. Da aber ein neuer Gesetzgebungsakt nicht erfolgt, so bleibt auch die Qualifikation des Satzes dieselbe, die sie war; die neuen Überlegungen des Gesetzgebers beeinflussen sie nicht, da sie eben nur Überlegungen über vorhandenes Recht sind und einen neuen Gesetzgebungsakt nicht zur Folge gehabt haben. Dass der Gesetzgeber den Satz als Sondersatz eingeführt haben würde, wenn er als allgemeiner nicht schon bestanden hätte, mag richtig sein, aber das ist noch kein Gesetzgebungsakt. Ein solcher hypothetischer Wille kann nichts wirken. Die Aushülfe liegt darin, dass es dem Gesetzgeber ja, wie wir sogleich sehen werden, unbenommen bleibt, den als allgemeinen vom 1. Januar 1900 an abgeschafften Satz nunmehr als Sondersatz einzuführen; thut er das nicht, so bleibt es eben auch bei der Abschaffung des Satzes durch das Reichsrecht.

Ich komme daher zu dem Schluss, dass man jene oft wiederholte Klausel der Motive und Protokolle einfach fallen lassen muss: ist einmal festgestellt, dass der landesrechtliche Satz wirklich ein allgemeiner war, so muss er auch durch Art. 55 als beseitigt gelten. Es giebt hier nur ein Entweder — Oder, jede Abschwächung, jeder Mittelweg ist Willkür.

Es ist nur eine Anwendung des soeben Gesagten,

wenn man der in den Motiven [18]) auftretenden und dann ebenfalls öfter wiederholten Äusserung entgegentritt, die Beseitigung der Institute der unvordenklichen Verjährung und der Wiedereinsetzung in den vorigen Stand durch das BGB. schliesse nicht aus, dass landesgesetzliche Vorschriften über diese Institute doch „für eine vorbehaltene Materie ihre Kraft behalten". Zunächst wäre dieser Satz auf den Fall einzuschränken, dass es sich um Gesetzgebungs-Vorschriften über diese Institute handelt, denn bei wissenschaftlichem und Gewohnheitsrecht kann überhaupt nie davon die Rede sein, dass es zugleich allgemein und besonders ist: der ganze Gegensatz, wie ihn auch die Protokolle denken, bezieht sich nur auf gesetzlich formuliertes Recht. Sodann aber: wenn diese Institute in dem betreffenden Landesrecht wirklich allgemeines Recht für mehrere einzelne Materien bildeten — und das setzen ja die Motive offenbar voraus, da sie von einer Beseitigung dieser landesrechtlichen Institute (als allgemeiner) durch das BGB. sprechen —, so sind sie nunmehr auch für ihren ganzen Anwendungsbereich beseitigt; wäre etwa in den Motiven gemeint, sie würden dadurch, dass sie dem Recht des BGB. fremd sind, nunmehr zu Sonderrecht gestempelt, so würde das zweifellos eine Begriffsverwechslung sein, denn Sonderrecht kann das vorhandene Landesrecht immer nur im Gegensatz gegen das allgemeine Landes-, nicht gegen das Reichsrecht sein.

---

[18]) Mot. zum EG. S. 149.

IV.

Nach EG. Art. 3 soll der Fortgeltung des bisherigen Landesrechts auch die Fortdauer der Gesetzgebungsgewalt für die Zukunft entsprechen. Wird dieses Prinzip wirklich gewahrt? oder richtiger: wird dieses Ziel erreicht? Formell gewiss, denn seinem Wortlaut nach lässt sich das gewonnene Ergebnis ungeändert auch auf diese zweite Frage übertragen; sachlich aber würde damit doch für diese etwas völlig anderes gesagt sein. 'Sonderrecht' bildet immer einen Gegensatz gegen 'allgemeines Recht'. Während nun für das vorhandene Landesrecht das Sonderrecht den Gegensatz gegen das allgemeine Landesrecht bildet, würde für die Zukunft Sonderrecht alles das sein, was im Gegensatz gegen das allgemeine Reichsrecht steht. Damit ändert sich der Inhalt des Begriffs thatsächlich vollkommen, und der gewollte Parallelismus zwischen vorhandenem Recht und künftiger Gesetzgebungsgewalt ist blosser Schein. Oder anders ausgedrückt: für die Vergangenheit ist der Bereich des Sonderrechts durch das Vorhandensein des allgemeinen Rechts fest begrenzt, für die Zukunft hat jeder Bundesstaat es willkürlich in der Hand, beliebiges Sonderrecht zu schaffen: dadurch, dass er über eine allgemeine Frage etwas vom BGB. Abweichendes innerhalb der Vorbehaltsmaterie bestimmt, zeigt er, dass er eben für diese vorbehaltene Materie Sonderrecht schaffen will; ob er das aus Erwägungen thut, welche wirklich nur gerade diese Sondermaterie angehen, oder ob er es thut, weil er die allgemeinen Bestimmungen überhaupt für ungeeignet hält und darum so viel wie möglich beschränken will, das tritt im Gesetz selbst nicht hervor, und er ist darüber keine Rechenschaft schuldig.

Das frühere Landesrecht tritt also innerhalb der Vorbehaltsmaterien ausser Kraft, soweit es nur Anwendung des früheren allgemeinen Landesrechts war, in Zukunft kann sich aber innerhalb der Vorbehaltsmaterien auch solches Landesrecht giltig bilden, das dem früheren allgemeinen Landesrecht entspricht; dem vorhandenen Landesrecht gegenüber hat das BGB. in weitem Umfange derogierende, dem zukünftigen Landesrecht gegenüber — immer in Anwendung auf die Vorbehaltsmaterien — nur subsidiäre Kraft [19]). Der Parallelismus zwischen Fortgeltung des vorhandenen Landesrechts und künftiger Landesgesetzgebungsgewalt, wie ihn Art. 3 fordert, ist also nicht gewahrt.

Die Landesgesetzgebung hat mithin die Macht, das gesamte Reichsrecht in Anwendung auf die Sondermaterien jeden Augenblick unschädlich zu machen und auf dem Gebiet der Vorbehalte auch in den allgemeinsten Fragen Sonderlandesrecht zu schaffen oder wiederherzustellen. Das Reichsrecht lebt soweit nur von der

---

19) Zu dem Ergebnis, dass das BGB. dem künftigen Landesrecht gegenüber nur subsidiär gelte, kommen auch die Mot. S. 149 und u. A. Niedner, EG. S. 127; Eck, Vorträge S. 19; Cosack, Lehrbuch (3. Aufl.) I S. 35; Matthiass, Lehrb. (3. Aufl.) I S. 26; Enneccerus, Bürgerl. Recht I S. 17. Siehe demgegenüber Meyer a. a. O. S. 261. In wie weitem Masse das Landesstrafrecht auf seinen Gebieten allgemeine Bestimmungen gegeben hat, zeigt Binding, Handbuch I S. 307 ff.

Gnade des Landesrechts, das Reichsrecht gilt gegenüber dem künftigen Landesrecht nur subsidiär, obwohl nach Art. 2 der Reichsverfassung das Reich das Recht der Gesetzgebung mit der Wirkung ausüben soll, dass die Reichsgesetze den Landesgesetzen vorgehen.

V.

Für die Grenzregulierung zwischen Reichs- und Landesrecht ist auch Art. 4 des EG. von Bedeutung: „Soweit in Reichsgesetzen oder in Landesgesetzen auf Vorschriften verwiesen ist, welche durch das BGB. oder durch dieses Gesetz ausser Kraft gesetzt werden, treten an deren Stelle die entsprechenden Vorschriften des BGB. oder dieses Gesetzes". Man erkennt den Inhalt dieser Bestimmung, wenn man sich die Fragen beantwortet: was heisst Verweisung? welches ist das verweisende Gesetz? welches die Vorschrift, auf die verwiesen ist? welches sind entsprechende Vorschriften?

1. Was heisst Verweisung? Bei der Wichtigkeit, die dieser Begriff nach Art. 4 hat, thut es Not, ihn streng zu umgrenzen. Vor allem ist festzustellen, dass die Verweisung, da sie nur eine besondere technische Art des Ausdruckes für den Gesetzesinhalt ist, nur da vorkommen kann, wo ein Satz nicht bloss seinem Inhalt nach sondern in einer bestimmten sprachlichen Form Rechtssatz geworden ist. In der Regel ist das nur bei Gesetzes-, nicht bei Gewohnheitsrecht der Fall[20], Art. 4

---

[20] Gewohnheitsrecht kann Verweisungen nur enthalten, wenn der Inhalt des späteren Gewohnheitsrechts bereits in

bezieht sich also im wesentlichen nur auf Sätze des Gesetzesrechts.

Verweisung im eigentlichen Sinne des Worts ist Ausdruck des Gesetzesinhalts durch Bezugnahme auf einen anderen inhaltlich nicht wiederholten Rechtssatz. Aber auch da ist von Verweisung zu reden, wo der verweisende Rechtssatz einen juristischen Ausdruck verwendet, dessen Bedeutung durch andere Rechtssätze schon festgestellt ist: spricht ein Gesetz von Geschäftsunfähigkeit, so verweist es durch den Gebrauch dieses Worts auf alle die begriffsentwickelnden Rechtssätze, die den Sinn des Worts feststellen. Der Verweisungswille ist auch hier aus dem Gesetz selbst erkennbar; nur weil er nicht in besonderen Worten ausgedrückt ist, wird man diese Art der Verweisung eine stillschweigende nennen können. Weiter aber darf man den Begriff der Verweisung nicht erstrecken, wenn man ihn nicht auflösen will. Man darf einmal nicht sagen, jedes Gesetz, bei dessen Anwendung im einzelnen Fall zur Ergänzung andere Sätze mit herangezogen werden müssen, verweise auf diese, insbesondere verlange jedes Spezialgesetz immer auch seine Ergänzung durch die allgemeinen Bestimmungen und verweise darum auf diese[21]). Aber jede Rechts-

---

Worte gefasst vorlag und dann in gerade dieser Wortfassung durch Gewohnheit Recht geworden ist; für das gemeine Recht könnte also, obwohl es Gewohnheitsrecht war, doch von Verweisungen die Rede sein.

21) So hat allerdings die Strafrechtswissenschaft den dem Art. 4 analogen § 3 des EG. z. StGB. aufgefasst: s. Hälschner, Strafrecht I S. 102. 109 bei Anm. 1. Binding, Hand-

ordnung ist eine Einheit, jeder einzelne Rechtssatz nur ein Bruchstück der ganzen Rechtsordnung, und darum könnte man, jenem Gedankengang folgend, schliesslich sagen, jeder Rechtssatz verweise auf jeden anderen — der Begriff wäre damit aufgelöst.

Sodann ist es umgekehrt auch keine Verweisung mehr, wenn das Gesetz den Inhalt einer fremden Vorschrift wiederholt, wie oft dies auch behauptet wird [22]). Wiederholung bildet gerade den Gegensatz gegen Verweisung, Art. 4 greift also hier nicht Platz. Es mag ja vielfach zufällig sein, ob ein Gesetz die technische Form der Verweisung oder die der inhaltlichen Wiederholung wählt, sodass es unzweckmässig erscheinen mag, diese anders als jene zu behandeln, aber ebenso gut kann die Wiederholung auch absichtlich geschehen sein, um den Schein der Abhängigkeit von dem anderen Rechtssatz zu vermeiden. Jedenfalls spricht Art. 4 bloss von Verweisungen, und nur im Wege analoger Ausdehnung könnte er auch auf inhaltliche Wiederholungen erstreckt

---

buch I S. 282, Anm. 11: „Man denke an die stillschweigende Forderung der Landesgesetze aus den allgemeinen Teilen der Landesstrafgesetzbücher ergänzt zu werden". v. Liszt, Strafrecht 6. Aufl. S. 78: „So werden wir in dem Schweigen der Landesnebenstrafgesetze über die allgemeinen Lehren eine Verweisung auf die Strafgesetzbücher der Einzelstaaten erblicken können und darum die allgemeinen Bestimmungen des RStGB. zur Anwendung zu bringen haben." (In der 10. Auflage fehlt dieser Satz, wohl nur der Kürze halber.) Olshausen, Kommentar z. StGB. 6. Aufl., zu EG. § 3 unter Nr. 3.

22) z. B. von Niedner zu EG. Art. 4.

werden; eine Nötigung zu einer solchen Analogie liegt nicht vor.

2. Die Vorschrift, auf die verwiesen ist, die 'verweisungsmässige Vorschrift', ihrerseits kann ihrem Inhalt und ihrer Form nach jede beliebige sein, insbesondere kann sie sowohl aus dem Gesetzes-, wie aus dem Gewohnheitsrecht stammen. Aber sie muss, damit Art. 4 Platz greift, durch das BGB. oder sein EG. „ausser Kraft gesetzt", d. h. sie muss aufgehoben sein, soweit sie nicht eben durch die Verweisung gerade als Bestandteil des verweisenden Gesetzes in Kraft geblieben ist. Demnach sind durch Art. 4 betroffen: einmal Verweisungen auf Vorschriften des Reichsrechts, sofern diese Vorschriften gemäss Art. 32 aufgehoben sind, sodann alle Verweisungen auf Vorschriften des Landesprivatrechts, die nicht besonders durch Vorbehalte geschützt sind. Um ganz genau zu sein, müsste man noch hinzufügen: endlich auch Verweisungen auf Vorschriften des öffentlichen Landesrechts, wenn dieses, was vereinzelt der Fall ist, durch inhaltlich entgegenstehende Bestimmungen des BGB. oder EG. seine Kraft verloren hat; doch kann man hiervon als praktisch ziemlich bedeutungslos absehen.

3. Umgekehrt steht es mit dem verweisenden Satz. Er ist selbst ein Rechtssatz — und zwar, wie oben gesagt, ein Satz des formulierten Rechts —, ein Rechtssatz nur mit der Eigenheit, dass er seinen materiellen Inhalt nicht unmittelbar ausspricht, sondern durch Verweisung bezeichnet. Art. 4 will an dem die Verweisung enthaltenden Rechtssatz sachlich ändern; von selbst versteht sich demnach, dass das verweisende Gesetz selbst

im Sinn des Art. 4 in Kraft geblieben sein muss, und zwar nicht sowohl das verweisende Gesetz im ganzen als vielmehr gerade auch der Satz, der die Verweisung ausspricht. Auf diesen Punkt kommt es ganz besonders an: nur wenn der verweisende Rechtssatz in Kraft geblieben ist, kann die eigentümliche Bestimmung des Art. 4 Platz greifen; ist der verweisende Rechtssatz hingegen selbst ausser Kraft gesetzt, so ist damit auch die Verweisung von selbst hinfällig — fällt der Mantel, so fällt der Herzog hinterdrein —, und für eine Anwendung des Art. 4 bleibt kein Raum weiter, vielmehr tritt hier das Recht des BGB. nicht an die Stelle des Satzes, auf den verwiesen ist, sondern an die Stelle des verweisenden Satzes selbst, es tritt in diesem Sinne als **primäres** Recht seinem vollen Umfange nach ein.

Demnach könnte Art. 4 überhaupt nur in solchen Fällen in Betracht kommen, wo der verweisende Satz ist: entweder ein Satz des öffentlichen Reichs- oder Landesrechts — dass er hier in Wahrheit keine Anwendung findet, wird nachher erörtert werden —, oder ein Satz des Reichsprivatrechts, der nicht nach Art. 32 ausser Kraft gesetzt ist, oder ein Satz des vorbehaltenen Landesprivatrechts. Ob aber der verweisende Rechtssatz in Kraft geblieben ist, das lässt sich meist nur aus seinem Inhalt erkennen: ist der verweisende Satz ein Satz des Landesrechts, so kann nur sein **Inhalt** darüber belehren, ob er vorbehaltenes Landesrecht im Sinne der Art. 55 ff. ist; ist er ein Satz des Reichsrechts, so ist ebenso sein Inhalt darüber entscheidend, ob er nach Art. 32 aufgehoben ist, sofern hier nicht das EG. selbst durch eine spezielle Bestimmung die Frage abgeschnitten hat. Will man beurteilen, ob der verweisende Satz in Kraft geblieben ist oder nicht, so muss man zunächst die Sachlage so denken, als wäre der Satz, auf den verwiesen ist, in dem verweisenden Gesetz inhaltlich wiederholt, und nun die Frage aufwerfen, ob dieser Bestandteil des Gesetzes in Kraft ist oder nicht. Die Geltung des verweisenden Satzes hängt mithin von dem Inhalt des Satzes, auf den verwiesen ist, ab. Hingegen hängt sie an sich nicht davon ab, ob der Satz, auf den verwiesen ist, selbst gilt oder nicht, die Frage nach der Fortgeltung des verweisenden Satzes ist von der nach der Geltung des Satzes, auf den verwiesen ist, streng zu trennen: es ist sehr wohl möglich, dass der Satz, auf den verwiesen ist, aufgehoben und trotzdem der verweisende Satz in Kraft geblieben ist; die Situation ist dann die, dass der Satz, auf den verwiesen ist, zwar als selbständiger fortgefallen ist, aber doch eben kraft der Verweisung als Inhalt des verweisenden Satzes fortbesteht: gerade diese und nur diese Situation ist es, in der Art. 4 Bedeutung gewinnt. Gehen wir hier das Einzelne durch.

a) Gehört der verweisende Satz dem öffentlichen Landesrecht an, so greift Art. 4 überhaupt nicht Platz. Das öffentliche Landesrecht bleibt prinzipiell unberührt, es bleibt unberührt ohne Rücksicht auf seinen Inhalt, also auch dann, wenn es eine Verweisung auf einen aufgehobenen Rechtssatz enthält. Hier wäre daher an sich Raum für ein Eingreifen des Art. 4; indes die Reichsgesetzgebung konnte in das öffentliche Recht der Bundesstaaten überhaupt nur im Rahmen der R.-Verf. Art. 4 eingreifen, und sie wollte auch, von ganz vereinzelten Ausnahmen abgesehen, durch das BGB. und das EG. nur Privatrecht (mit Einschluss der öffentlich rechtlichen Materien, die das BGB. oder EG. zum Privatrecht zählt) schaffen, Art. 4 bedarf also der einschränkenden Auslegung dahin, dass er sich nur beziehe auf Landesgesetze privatrechtlichen Inhalts [23]. Ob nicht aus anderen Gründen für das öffentliche Landesrecht zu dem gleichen Resultat zu kommen ist, wie nach Art. 4, wird später zu erörtern sein.

b) Ähnlich steht es, wenn der verweisende Satz dem öffentlichen Reichsrecht angehört. Auch für dieses greift Art. 4 nicht Platz, weil die gesamte Aufgabe des Gesetzgebungswerks sich auf es nicht mitbezog. Nur wird hier noch leichter als beim öffentlichen Landesrecht aus anderen Gründen dasselbe Ergebnis wie nach Art. 4 notwendig werden.

c) Ist der verweisende Satz ein Satz des Reichsprivatrechts, so ist die Frage, ob er ausser Kraft getreten ist, nach Art. 32 ff. zu beurteilen. Art. 32 gibt zu vielerlei Zweifeln Anlass, auf die an dieser Stelle einzugehen zu weit führen würde. Ich kann mich hier darauf beschränken zu sagen: der verweisende Reichsrechtssatz wird vielfach schon seines aus der Verweisung sich ergebenden Inhalts halber ausser Kraft gesetzt sein; dann hat Art. 4 überhaupt keine Bedeutung mehr, das BGB. tritt hier von selbst als primäres Recht ein. In anderen Fällen

---

[23] So richtig die Mot. z. EG. S. 64 ff.

hingegen wird der verweisende Reichsrechtssatz in Kraft geblieben sein, obwohl er auf aufgehobenes Recht verweist: dann und nur dann ist die Bahn für die Anwendung des Art. 4 frei; die Verweisung auf das aufgehobene Recht wird hier durch die auf das neue Recht ersetzt. Hier ist also ein Anwendungsbereich für Art. 4 gefunden.

d) Wichtiger für unsere Untersuchung ist der letzte Fall: die verweisende Vorschrift gehört dem Landesprivatrecht an, und zwar einem landesprivatrechtlichen Gesetz, das die Regelung einer vorbehaltenen Materie zum Zweck hat. Art. 4 kann dann überhaupt nur von Einfluss sein soweit, wie die verweisende Vorschrift selbst Vorbehaltsrecht ist; ist sie das nicht, so ist sie selbst ausser Kraft getreten, und von einer Umänderung ihrer Verweisungsbestimmung kann keine Rede mehr sein: das Reichsrecht tritt hier primär an Stelle des verweisenden Satzes, nicht blos sekundär an Stelle des Satzes, auf den verwiesen ist.

Hier können wir uns die Arbeit zunächst vereinfachen, indem wir von vornherein den Fall, dass das Landesprivatrecht bei Regelung einer Vorbehaltsmaterie auf aufgehobenes Reichsrecht verweist, ausschalten. Denn eine solche Verweisung ist wohl, wenn sie überhaupt vorkommt, immer dahin aufzufassen, dass der Bundesstaat in dieser Beziehung von seiner eignen Gesetzgebungsgewalt eben keinen Gebrauch machen will; die verweisende Vorschrift fällt darum dann überhaupt nicht unter den Schutz der Vorbehaltsbestimmung, sie tritt selbst ausser Kraft und an ihre Stelle als primäres Recht das neue Reichsrecht. Doch kann dies hier dahingestellt bleiben.

Es ist für unsere Betrachtung nur übrig der Fall, dass das Landesgesetz bei Regelung einer Vorbehaltsmaterie auf andere Vorschriften desselben Landesrechts verwiesen hat. Ob hier gerade auch der verweisende Satz unter den Schutz des Vorbehalts fällt oder nicht, das kann nur aus seinem Inhalt, also durch Betrachtung des Satzes, auf den verwiesen ist, erkannt werden. Machen wir uns nun die früher gewonnene Unterscheidung zwischen allgemeinen und besonderen Vorschriften zu Nutze, so können wir das gesamte Landesprivatrecht in drei Arten von Vorschriften zerlegen: besondere Vorschriften für Vorbehaltsmaterien, besondere Vorschriften für nicht vorbehaltene Materien und allgemeine Vorschriften, d. h. solche, die für Vorbehaltsmaterien und für Nichtvorbehaltsmaterien gemeinschaftlich sind. Das ergibt nun drei Entscheidungen. 1) Ungeändert in Kraft bleiben jedenfalls Verweisungen, die das Landesgesetz behufs Regelung einer Vorbehaltsmaterie auf eine Sondervorschrift, die einer anderen Vorbehaltsmaterie angehört, gemacht hat. Art. 4 kann hier keine Anwendung finden, weil die herangezogene Bestimmung nicht aufgehoben ist; der verweisende Rechtssatz selbst aber bleibt ebenfalls in Kraft, da er eben eine besondere Vorschrift der Vorbehaltsmaterie ist. 2) Verweist umgekehrt das Landesrecht bei Regelung einer Vorbehaltsmaterie auf eine allgemeine Bestimmung des Landesrechts, so ist der verweisende Satz selbst ein allgemeiner, fällt demnach nicht mit unter den Schutz des Vorbehalts und ist einfach abgeschafft, so dass an seine Stelle primär das BGB. tritt. Auch hier kommt also Art. 4 nicht zur Anwendung²⁴). Dies ist eine unmittelbare Folgerung aus dem, was oben über die 'allgemeinen Vorschriften' gesagt wurde. Dass die allgemeine Vorschrift, auf die verwiesen ist, durch die Verweisung nicht den Charakter einer Sondervorschrift für gerade diese besondere Materie erhalten kann, wurde früher ausführlich erörtert. 3) Es bleibt der dritte Fall, dass das Landesrecht bei Regelung einer Vorbehaltsmaterie auf eine andere landesrechtliche Bestimmung verweist, die ebenfalls eine Sondervorschrift ist, aber eine Sondervorschrift einer nicht vorbehaltenen Materie. Hier ist zu unterscheiden. Wenn in einem vorbehaltenen Landesrechtssatz auf einen anderen Landesrechtssatz, der Sondervorschrift einer nicht vorbehaltenen Materie ist, verwiesen wird, so bedeutet das doch, dass dieser Sondersatz nicht bloss innerhalb dieser nicht vorbehaltenen sondern auch innerhalb jener vorbehaltenen Materie zur Anwendung kommen soll. Damit kann sich aber ergeben, dass dieser Satz in Wahrheit ein allgemeiner in dem früher entwickelten Sinne ist, der nur aus Gründen der Technik nicht als allgemeiner ausgesprochen ist. Liegt es so, dann haben wir ganz das Ergebnis wie unter 2): der verweisende Satz fällt, weil er in Wahrheit gar keine Sondervorschrift ist, nicht unter den Schutz des Vorbehalts, er ist ausser Kraft getreten und an seiner Stelle findet primär das Reichsrecht Anwendung. Nur dann und nur in dem einzigen Fall kommt Art. 4 zur Geltung, wenn der Satz, auf den verwiesen ist, zwar für beide Sondermaterien gleichmässig gilt, ohne indes

---

24) Dies übersehen die Mot. S. 64 u. die Prot. VI S. 600.

als ein allgemeiner Satz begriffen zu sein, wenn er also nur ein in zwei Sondermaterien übereinstimmend vorkommender Sondersatz ist: dass man dies häufig anzunehmen berechtigt sein wird, wurde früher gesagt. In der Undeutlichkeit der Grenzziehung zwischen diesen beiden Fällen liegt die praktische Schwierigkeit.

Das Ergebnis ist mithin dies. Art. 4 kann nur Anwendung finden, einmal wenn ein an sich gemäss Art. 32 in Kraft gebliebener Reichsrechtssatz auf irgend eine aufgehobene landesrechtliche Bestimmung verweist, und zweitens wenn ein landesrechtlicher Satz behufs Regelung einer Vorbehaltsmaterie auf eine landesrechtliche Sondervorschrift einer nicht vorbehaltenen Materie verweist. Wollte man diesen zweiten Fall ausschalten, so bliebe überhaupt kein Fall einer landesrechtlichen Verweisung, auf die Art. 4 Anwendung finden könnte, übrig; Art. 4 wäre also, obwohl er ausdrücklich von landesrechtlichen Verweisungen spricht, für diese doch wertlos.

Und doch wird gerade dieser zweite Fall der Anwendbarkeit des Art. 4 häufig geleugnet. Immer wiederkehrend findet sich die Äusserung, Art. 4 finde dann keine Anwendung, wenn die Verweisung den Sinn habe, dass die Vorschrift, auf die verwiesen ist, durch die Verweisung zu einem Bestandteil der besonderen Regelung der Vorbehaltsmaterie gemacht werden solle. Soweit hierbei — das thun die Motive und Protokolle — an Verweisungen auf an sich allgemeine Bestimmungen gedacht ist, wurde dieser Gedanke bereits zurückgewiesen; es wurde dargelegt, dass in diesem Fall der verweisende Satz selbst ausser Kraft getreten und darum

Art. 4 unanwendbar sei, gleichgiltig wie gross oder klein der Bereich der allgemeinen Vorschrift sei. Ist hingegen der Satz, auf den verwiesen ist, als nur thatsächlich übereinstimmende Sondervorschrift gedacht, so ist er allerdings durch die Verweisung auch zu einem Bestandteil der Regelung der Vorbehaltsmaterie geworden, aber gerade dann sind genau die Bedingungen vorhanden, unter denen Art. 4 die inhaltliche Änderung der Verweisung durchführt, und zwar haben wir hier den einzigen Fall landesrechtlicher Verweisungen, in dem Art. 4 Anwendung finden kann. Die Auffassung der Motive und Protokolle kann an diesem Ergebnis nicht irre machen, denn sie ist aus dem Gesetz selbst in keiner Weise zu entnehmen, ja das Gesetz, wie es vorliegt, widerspricht ihr, und nur das Gesetz selbst ist entscheidend[25]). Dies Ergebnis ist auch, sofern man nur, wie hier geschehen ist, den Begriff der Verweisung streng begrenzt und insbesondere auf inhaltliche Wiederholungen nicht mit bezieht, keineswegs praktisch bedenklich: es führt nur die Rechtsausgleichung einen Schritt weiter, sogar in das Gebiet der Vorbehaltsmaterien hinein, und das können wir mit Freude begrüssen. Bleibt es ja doch zudem, wie wir wissen, dem Gesetzgeber unbenommen, durch einen neuen Gesetzgebungsakt die Verweisung ihrem alten Inhalte nach als neues Landesvorbehaltsrecht wiederherzustellen.

Für das öffentliche Recht gilt die Regel des Art. 4

---

25) So auch Weissler, Preuss. Landesprivatrecht I 1900 S. V fg.; gegen ihn Niedner, EG. zu Art. 4, Nr. 3.

wie gesagt nicht. Alle Verweisungen auf landesprivatrechtliche Bestimmungen begriffsentwickelnden oder unmittelbar normierenden Inhalts, mögen diese auch noch so allgemein sein, bleiben hier in Kraft, denn durch die Verweisung wird die privatrechtliche Bestimmung Teil eines öffentlichrechtlichen Rechtssatzes und als solcher in einer Materie geltend, in der, wie allgemein sie auch als privatrechtlicher Satz war, sie doch bis dahin noch nicht gegolten hatte. Darum berührt auch die Aufhebung, die sie als privatrechtlicher Satz erfährt, sie in ihrer Geltung für das öffentliche Recht nicht. Hier kann nun aber eine Auslegungsfrage auftreten. Wenn der Gesetzgeber in dem öffentlichrechtlichen Rechtssatz privatrechtliche Sätze durch Verweisung heranzieht oder Ausdrücke gebraucht, deren juristischer Sinn durch Privatrechtssätze festgestellt ist, so kann die Sachlage eine doppelte sein. Einmal diese: der Gesetzgeber hat die Bestimmung, die er gibt, sachlich durchgeprüft und sie auch auf dem Gebiet der öffentlichrechtlichen Frage, die er behandelt, für sachlich allein geeignet befunden; nur der Bequemlichkeit des Ausdrucks halber spricht er sie durch eine Verweisung aus, anstatt sie inhaltlich zu wiederholen. In solchen Fällen müsste bei Änderung der Vorschrift, auf die verwiesen ist, die Verweisung doch inhaltlich ungeändert bestehen bleiben.

Nicht selten aber wird die Sachlage anders sein. Der Gesetzgeber denkt die Regelung der öffentlichrechtlichen Materie, mit der er beschäftigt ist, in irgend einer Weise abhängig von der Regelung einer bestimmten privatrechtlichen Materie, und giebt diesem Gedanken dadurch Ausdruck, dass er bestimmt, es solle in der ersteren Materie derselbe Satz gelten, der jeweils für die andere gelte. Folgeweise ist dann mit jeder Änderung der Vorschrift, auf die verwiesen ist, auch der Inhalt der verweisenden Vorschrift selbst geändert: eine Bestimmung, wie sie Art. 4 giebt, ist für solche Fälle selbstverständlich. Ob nun der eine oder der andere Fall vorliegt, das muss für jede einzelne Verweisungsbestimmung des öffentlichen Rechts gesondert entschieden werden — eine Entscheidung, die übrigens vielfach schwierig sein wird.

Soweit der Gesetzgeber, anstatt zu verweisen, die Bestimmung, die er heranziehen will, inhaltlich wiederholt hat, muss es bei der ungeänderten Fortgeltung seines Satzes bleiben: zwar mag er auch bei einer solchen Wiederholung die öffentlichrechtliche Materie in Abhängigkeit von dem privatrechtlichen Satz gedacht haben, mit der Abänderung des privatrechtlichen Satzes würde dann also der Grund, aus dem er die Bestimmung wiederholend heranzog, fortfallen, aber cessante ratione legis non cessat lex ipsa; Auslegung kann hier nicht mehr helfen, eine neue gesetzliche Regelung, durch die der Satz mit dem neuen bürgerlichen Recht in Einklang gesetzt wird, ist nötig. Auch dies zeigt wieder, wie wichtig es war, den Begriff der Verweisung so streng zu begrenzen, wie oben geschehen ist.

4. Art. 4 ordnet Ersatz durch die **entsprechenden Vorschriften des BGB. oder des EG.** an. „Entsprechend bedeutet: seinem wesentlichen Inhalte nach

zum Ersatze geeignet"[26]). Fehlt demnach dem neuen Recht eine entsprechende Bestimmung, lässt also das neue Recht die in jener Vorschrift behandelte Frage ungelöst, so kann Art. 4 keine Anwendung finden: die Verweisung auf das alte Recht muss dann in Kraft bleiben. Gerade hierin liegt der praktische Unterschied von den Fällen, wo die verweisende Vorschrift selbst ausser Kraft gesetzt ist und an ihre Stelle primär das Reichsrecht tritt: die Verweisung wird hier hinfällig, selbst wenn das neue Recht keine „entsprechende" Bestimmung besitzt.

5. Soweit gemäss Art. 4 die landesrechtliche Verweisung auf Landesrecht durch eine solche auf Reichsrecht ersetzt wird, behält der verweisende Satz doch seinen Charakter als **landesrechtlicher Satz** bei. Hängt ja doch der Charakter des Satzes in dieser Beziehung nicht von dem Charakter der Bestimmung, auf die verwiesen ist, sondern von den eignen Bedingungen seiner Entstehung ab. Ob aber der verweisende Satz überhaupt gilt, ist nach Landesrecht zu beurteilen; nur aus dem Landesrecht schöpft er seine Kraft, wie er ja auch nach Art. 3 beliebig jeden Augenblick wieder durch die Landesgesetzgebung abgeändert werden kann: das Reichsrecht hat nur inhaltlich an dem landesrechtlichen Satz unter der Voraussetzung seines Bestehens geändert, derart aber, dass für die Zukunft der Landesgesetzgebung

---

26) S. das Citat bei Olshausen a. a. O. Nr. 4. Entsprechend kann auch sein, was inhaltlich widerspricht, Binding a. a. O. S. 282^8.

die volle Verfügung über diesen Gesetzesinhalt verbleibt — ein ganz eigentümlicher Fall des Ineinandergreifens von Reichs- und Landesrecht. Oder anders gesagt: Art. 4 schafft nicht einheitliches Recht des Reichs, sondern nur einstweilen übereinstimmendes Recht der einzelnen Bundesstaaten [27]).

Vielleicht ist diese Auffassung auch nicht völlig ohne praktische Wichtigkeit. Ihr zufolge muss von dem Landesrecht, auch soweit es durch Art. 4 dem Reichsrecht angeglichen ist, alles das gelten, was überhaupt vom Landesrecht gilt. Hätte also z. B. das Landesrecht für seine Vorbehaltsmaterie einen gewissen Internationalrechtssatz, der vom Reichsrecht abweicht oder der das Reichsrecht ergänzt, eingeführt oder beibehalten, so würde dieser Satz auch da Platz greifen, wo es sich um eine durch Verweisung auf das Reichsrecht geregelte materielle Frage handelt. Auch die Anwendbarkeit von EG. Art. 6 könnte in Frage kommen: soll das Bayerische Oberste Landesgericht in letzter Instanz dann nicht zuständig sein, wenn es sich zwar um eine Frage auf dem Gebiete des Vorbehaltsrechts, z. B. des Bergrechts handelt, aber ein in Betracht kommender Grundsatz gemäss Art. 4 aus dem BGB. zu entnehmen ist?

---

27) Die Übergangsbestimmungen der Art. 153 ff. finden allerdings auch auf die durch Art. 4 eintretenden Änderungen des Landesrechts Anwendung: hierfür ist entscheidend dass es eben das Reichsrecht ist, das diese Änderungen einführt.

VI.

Das Ergebnis von alledem ist dies. Wenn das EG. einen Vorbehalt zu Gunsten aller landesrechtlichen Vorschriften macht, die einem besonderen Rechtsteil angehören, so sind damit vorbehalten nur die Bestimmungen, die entweder nur für diese Materie in irgend einer, sei es auch einer allgemeinen, Frage etwas besonderes an rechtlicher Behandlung festsetzen, oder die zwar inhaltlich etwas gleiches auch in anderen Materien festsetzen, aber jedesmal aus besonderen in dem eigentümlichen Lebensverhältnis wurzelnden Gründen, nicht aus der Erkenntnis eines einheitlichen Prinzips heraus. Soweit indes der die Vorbehaltsmaterie regelnde Sondersatz im Gesetz die technische Form einer Verweisung auf eine andere Sondervorschrift einer nicht vorbehaltenen Materie erhalten hat, tritt, obwohl er Sondersatz ist, doch kraft Art. 4 eine Änderung seines Inhalts dahin ein, dass er nunmehr als auf den entsprechenden Satz des Reichsrechts verweisend gilt. Der Landesgesetzgebung bleibt es unbenommen, für künftig auch in allgemeinen Fragen innerhalb der Vorbehaltsmaterien vom BGB. abweichendes neues Recht zu schaffen, denn dieses neue Recht wird eben dadurch, dass es vom BGB. abweicht, zum Sonderrecht.

Wenn diese Ergebnisse nun schon für die Vorbehalte richtig sind, die am weitesten gehen, weil sie einen ganzen Sonderrechtsteil betreffen, so gelten sie umsomehr von allen anderen engeren Vorbehalten, genauer: die gewonnenen Ergebnisse sind auf diese vollständig auszudehnen, so weit sie die Fortgeltung des bisherigen Landesrechts betreffen; was hingegen den Machtbereich der künftigen Landesgesetzgebung angeht, so kommt es auf den Inhalt des einzelnen Vorbehalts an: die Landesgesetzgebung kann vom BGB. abweichendes neues Sonderrecht schaffen, nur muss der Thatbestand, für den sie die abweichende Behandlung eintreten lässt, noch auf dem Gebiet der Vorbehaltsmaterie liegen. Hier ist weitere Einzeluntersuchung nötig; ich weise auf sie hin, ohne sie hier vorzunehmen.

Eine besondere Rolle spielt der Vorbehalt des EG. Art. 56. Wenn hier die früheren Staatsverträge zwischen einem Bundesstaat und einem ausländischen Staat aufrecht erhalten sind, so sollen damit gerade die in einem solchen Staatsvertrag sich etwa findenden materiell-privatrechtlichen Bestimmungen geschützt werden. Dass der Staatsvertrag als solcher bestehen bleibt, ist selbstverständlich: das Reich hat hierauf, da völkerrechtliche Bindungen in Frage stehen, keinen Einfluss. Gemeint ist also nur, dass, wenn der Bundesstaat ihn, wozu er verpflichtet war, durch einen Gesetzgebungsakt zugleich zum innerstaatlichen materiellen Recht gemacht hat, dann diese innerstaatlichen Rechtssätze auch in dieser ihrer Eigenschaft unberührt bleiben. Das musste angeordnet werden, weil das Reich den Bundesstaat sonst in die Lage gebracht hätte, seine völkerrechtliche Verpflichtung brechen zu müssen. Dabei wird denn sofort fraglich, wie weit auch hier EG. Art. 4 Platz greifen soll. Wir hatten erkannt, dass jede Änderung einer Verweisung zugleich eine Änderung des materiellen Inhalts des Satzes mit sich bringt.

Demnach ist für die Staatsverträge in der That zu unterscheiden (vgl. Prot. VI S. 367 oben): soweit nach dem Sinne des Staatsvertrags der Bundesstaat nicht gehindert sein sollte, sein materielles Recht, auf das in dem Staatsvertrag ausdrücklich oder stillschweigend Bezug genommen war, zu ändern, greift auch Art. 4 Platz, der ja eine Änderung des Landesrechts von Reichswegen anordnet; soweit hingegen die vertragsmässige Bindung sich auf den Inhalt der Verweisungen mitbeziehen sollte, ist eine Änderung durch Art. 4 ausgeschlossen, denn man muss annehmen, dass der Vorbehalt des Art. 56 den Zweck hat, dem einzelnen Bundesstaat die Befolgung seiner völkerrechtlichen Vertragspflicht zu ermöglichen. — Auch Art. 3 kann für den Vorbehalt des Art. 56 nicht wie für die anderen Vorbehalte in Anwendung kommen. Dieser Vorbehalt ist in Wahrheit nur eine Übergangsbestimmung[28]); in dem Augenblick, wo der Vertrag als solcher ausser Kraft tritt, etwa durch Kündigung, hört auch der Vorbehalt auf: nicht etwa kann der Einzelstaat nunmehr die Vertragsbestimmungen einseitig als innerstaatliches Recht weiterbestehen lassen. Damit hängt zusammen: dem Bundesstaat steht zwar die Macht zu, durch einen neuen Staatsvertrag den alten ausser Kraft zu setzen — womit dann von selbst die innerstaatliche Weitergeltung der Vertragsbestimmungen kraft EG. 55 ihr Ende erreicht, da der Vorbehalt des Art. 56 eben nur die schon geschlossenen Verträge als bestehende betrifft —; hingegen eine inhaltliche Änderung der Vertragsbestimmungen, so-

---

28) So richtig Niedner, EG. zu Art. 56.

weit sie materielles Recht bilden, ist, entgegen dem Art. 3, nicht möglich. Selbstverständlich bezieht sich dies nicht auf Staatsverträge, deren Bestimmungen, soweit sie materiellrechtlich sind, innerhalb des Rahmens der sonstigen Vorbehalte bleiben: so weit ein Bundesstaat nach wie vor Gesetzgebungsgewalt hat, kann er diese Gesetzgebungsgewalt auch im Gefolge von Staatsverträgen ausüben.

VII.

In Kürze sei zum Schluss noch untersucht, wie weit die **internationalprivatrechtlichen Vorschriften des Landesrechts** fortbestehen[29].

Fraglich ist zunächst, ob diese Vorschriften zu den „privatrechtlichen Vorschriften" gehören, die EG. Art. 55 ausser Kraft treten lässt, wenn sie nicht durch Vorbehalt geschützt sind. Die Entscheidung hierüber ist zwar belanglos, wenn es sich nur darum handelt, ob das Landes-Internationalprivatrecht, soweit es dem im EG. Art. 7 ff. aufgestellten Reichs-Internationalprivatrecht widerspricht, abgeschafft sei; denn auch das öffentliche Landesrecht tritt soweit ausser Kraft, wie das BGB. oder sein EG. eine ihm widersprechende Bestimmung besitzen. Sie zeigt sich aber als bedeutungsvoll, sobald man die Er-

---

[29] Besondere Arbeiten hierüber: Mayer, Deutsche Juristen-Zeitung III, 1898, S. 266. Rohs, Finden die Art. 7—31 des EG. z. BGB. Anwendung auf dem Gebiete des vorbehaltenen Landesrechts? Dissertation, Rostock (1901). S. auch Niemeyer, Das intern. Privatrecht des BGB., 1901, S. 184 ff. Meili, Das internat. Civil- u. Handelsrecht I, 1902, S. 59.

gänzung des — ja so lückenhaften! — Reichs-Internationalprivatrechts durch die Kollisionsnormen der Landesrechte in Betracht zieht. Diese Ergänzung ist zulässig, wenn die Kollisionsnormen dem öffentlichen Recht, unzulässig aber, wenn sie den privatrechtlichen Vorschriften zuzurechnen sind[30]), denn diese sind durch Art. 55 derart beseitigt, dass sie auch nicht einmal zur Ergänzung herangezogen werden dürfen. Aus diesem Grunde bedarf jene Frage zuerst der Beantwortung.

Man muss sich nun vor allem hüten, die Frage dahin zu verschieben, ob die Internationalprivatrechts-Normen wirklich Privatrecht seien oder nicht[31]). Manche nehmen dies ja an, und ich selbst bin der Meinung, dass nicht wenige Sätze, die gewöhnlich zum internationalen Privatrecht gerechnet werden, in Wahrheit lediglich materiellrechtliche Verweisungen enthalten, also echtes Privatrecht sind[32]). Die Versuchung liegt nun nahe, zu schliessen, dass soweit diese Meinung zutreffe, auch die Anwendbarkeit des Art. 55 von selbst gegeben sei. Zu dem umgekehrten Schluss müssten dann diejenigen kommen, die in den Kollisionsnormen öffentliches Recht sehen — wie ja auch ich die wahren Kollisionsnormen dem öffentlichen Recht zuschiebe. In Wahrheit ist diese theoretische Meinungsdifferenz für die Beantwortung der zuerst aufgeworfenen Frage bedeutungslos. Nicht ob die Inter-

---

30) S. Niedner zu Art. 55 unter II 1: er neigt zur Verneinung der Zulässigkeit, zweifelt aber.

31) So Planck, Kommentar VI S. 24.

32) S. meinen Aufsatz in Jherings Jahrbüchern 42 (N. F. 6) S. 192 fg.

nationalprivatrechts-Normen Privatrecht sind oder nicht, sondern ob das EG. sie zu den privatrechtlichen Vorschriften rechnet, darum handelt es sich [33]). Lediglich mit einer Frage über die Auslegung des Art. 55 haben wir es zu thun. In den Protokollen der II. Kommission tritt nun als beherrschend die Auffassung hervor, dass die internationalprivatrechtlichen Sätze „ein integrierender Bestandteil des bürgerlichen Rechtes seien" [34]); ausdrücklich unter dieser Begründung wurde auch beschlossen, die Vorschriften als sechstes Buch dem BGB. selbst einzuverleiben [35]). Dass diese Vorschriften später einen anderen Platz erhalten haben, sollte schwerlich eine Änderung der Grundauffassung bedeuten. Auch stammt ja diese Hinzurechnung zum Privatrecht, die durch den bösen Namen 'Internationales Privatrecht' genährt wird, nicht erst aus neuester Zeit; man darf wohl darauf hinweisen, dass unter anderem Nr. 13 des Art. 4 der Reichsverfassung und das sie ersetzende RG. v. 20. Dez. 1873, welche die Gesetzgebungsgewalt des Reichs auf dem Gebiet des Privatrechts umgrenzen, das internationale Privatrecht ebenfalls nicht mit nennen, aber doch unbedenklich mit darauf bezogen sind.

Nach alledem wird man als sicher annehmen dürfen,

---

33) So schon mein „Recht des BGB." I S. 12.

34) Prot. I S. 2; VI S. 3 heisst es, „es sei auch die Meinung möglich, dass die in Rede stehenden Vorschriften überhaupt nicht privatrechtlicher Natur seien", gerade darum sei die umfassende Regelung, wie sie der II. Entwurf versucht, von Nöten.

35) Prot. VI S. 89.

dass auch die örtlichen Anwendungsnormen der Landesgesetze unter das Verdikt des Art. 55 fallen, d. h. sie sind im allgemeinen ausser Kraft gesetzt, und zwar derart, dass sie nicht einmal zur Ergänzung herangezogen werden dürfen: dieses Ergebnis ist gerade wegen der Lückenhaftigkeit der reichsrechtlichen Regelung bedeutsam und willkommen. Denn unheilvoll für die Rechtseinheit müsste man es nennen, wenn in den Fragen etwa des Sachen- und Obligationenrechts die verschiedenen landesrechtlichen Kollisionsnormen schlechthin weiter Platz greifen sollten. Vielmehr ist eine Ergänzung der vielen verbliebenen Lücken einheitlich für ganz Deutschland zu suchen, auf demselben Wege, auf dem überhaupt die Ergänzung von Lücken zu suchen ist.

Von einer Weitergeltung der örtlichen Kollisionsnormen der Landesrechte kann hiernach nur noch soweit die Rede sein, wie sie durch Vorbehalt geschützt sind. Ein eigner Vorbehalt ist ihnen nicht gewidmet; es kommt demnach nur in Frage, ob sie nicht durch die einzelnen materiellrechtlichen Vorbehalte mit vorbehalten sind. Nun erstrecken sich, wie wir wissen, die Vorbehalte auf alle Vorschriften, die für diese besonderen Vorbehaltsmaterien etwas besonderes, d. h. vom allgemeinen Recht abweichendes festsetzen: die landesrechtliche Vorschrift muss sowohl den behandelten Thatsachen wie der rechtlichen Behandlung nach 'besonders' sein. Um diese Anforderung für die landesrechtlichen Kollisionsnormen durchzuprüfen, müssen wir zunächst das Verhältnis der Kollisionsnormen zu den materiellen Vorschriften der Vorbehalte untersuchen. Die Kollisionsnormen sollen der Auffassung des EG. nach als Bestandteil des inländischen Privatrechts angesehen werden: gut, aber welchem Rechtsteil gehören sie an? Bilden sie einen eignen Rechtsteil für sich, so ist sofort die Antwort sicher: da dieser Rechtsteil durch einen eignen Vorbehalt nicht geschützt ist, so ist das gesamte internationale Landesprivatrecht restlos fortgefallen. Sicherlich entspricht dies der Auffassung des EG. nicht. Wenn Art. 55 die Kollisionsnormen zu den privatrechtlichen Vorschriften rechnet, so kann er das nur thun, weil er sie nicht als einen eignen Rechtsteil für sich bildend sondern als Bestandteile der materiellen Regelungen ansieht. Und so kommt man zu der anderen, öfter vernommenen Antwort: jede Kollisionsnorm gehört mit den materiellen Rechtssätzen, auf deren Anwendbarkeit sie sich bezieht, zu einer Einheit zusammen. Aber diese Antwort ist mindestens ungenau gefasst. Sie ist leicht durchführbar, wenn die einzelne Kollisionsnorm nur die Anwendbarkeit des inländischen Rechts in einer bestimmten Frage abgrenzt, die Kollisionsnorm wird dann gerade zu diesen inländischen Rechtssätzen gestellt, deren Anwendbarkeit sie betrifft; so wäre der Satz: „Ein Deutscher wird, auch wenn er seinen Wohnsitz im Auslande hatte, nach den deutschen Gesetzen beerbt" (EG. 24, Abs. 1), ein Bestandteil des deutschen Erbrechts. Die gleiche Antwort lässt sich aber nicht auch bei den Kollisionsnormen geben, die sich mit der Anwendbarkeit des ausländischen Rechts beschäftigen: die Kollisionsnorm kann hier natürlich nicht zu diesen Sätzen des ausländischen Rechts gestellt werden, die ja eben in Deutschland nicht gelten. Vielmehr ist hier als Meinung des Gesetzes anzusehen, dass auch diese auf ausländisches Recht bezügliche Kollisionsnorm dem entsprechenden Rechtsteil des inländischen Rechts angehört; die Bestimmung z. B. des EG. Art. 25 „Ein Ausländer, der zur Zeit seines Todes seinen Wohnsitz im Inlande hatte, wird nach den Gesetzen des Staates beerbt, dem er zur Zeit seines Todes angehörte" würde dem **deutschen** Erbrecht zuzurechnen sein. Man kann dies alles gemeinsam und genauer dahin fassen: jede einzelne Kollisionsnorm hat es mit der Anwendbarkeit des inländischen Rechts oder der ausländischen Rechte auf eine bestimmte materielle 'Rechtsfrage' zu thun, die in den verschiedenen Rechtsordnungen gleicher Weise bedeutsam zu sein pflegt, z. B. die Frage nach der Beerbung[36]). Nach der Auffassung unseres deutschen Gesetzes muss man nun jede einzelne Kollisionsnorm, mag sie sich auch auf die Anwendbarkeit des ausländischen Rechts beziehen, doch demjenigen Teil des inländischen Privatrechts zurechnen, der die materiellrechtliche Regelung dieser Frage, wenn sie eben nach deutschem Recht beurteilt wird, enthält. Eine Kollisionsnorm z. B. wie 'locus regit actum' ist also zu den Formvorschriften des BGB. § 125 ff. zu stellen, eine Vorschrift wie die des EG. Art. 11 Abs. 2, wonach bei allen dinglichen Rechtsgeschäften der Satz locus regit actum ausgeschlossen ist, gilt als Vorschrift des deutschen Sachenrechts, ein Satz

---

36) **Näheres** über diese 'Rechtsfragen' als Elemente der Kollisionsnormen s. Intern. Privatrecht I S. 207 ff., und vgl. II S. 6 ff.

über das für die Ehescheidung massgebende Recht als Bestandteil des deutschen Ehescheidungsrechts u. s. w.

Ist dies richtig, so haben wir auch sofort diese Entscheidung: ihrem Thatbestande nach tragen die Kollisionsnormen genau denselben Charakter, wie die materiellrechtlichen Vorschriften, die das Landesrecht über diese Rechtsfrage enthält; eine Kollisionsnorm kann also jedenfalls nur soweit vorbehalten sein, als sich die Rechtssätze, zu denen sie gehört, mit Rechtsfragen beschäftigen, die dem besonderen Thatsachenbereich einer Vorbehaltsmaterie angehören. Eine Kollisionsnorm z. B. betreffend die Beurteilung der Geschäftsfähigkeit würde genau so anzusehen sein, wie ein materieller Rechtssatz über Geschäftsfähigkeit, sie ist ihrem Thatbestande nach genau so allgemein oder besonders, wie es die Rechtsfrage ist, auf die sie sich bezieht.

Aber das ist erst die halbe Wahrheit. Teilen die Kollisionsnormen auf der einen Seite den Charakter der materiellen Rechtssätze, mit denen sie zusammengehören, so sind sie auf der anderen Seite doch selbständige Rechtssätze. Es muss also, damit sie vorbehalten seien, ferner noch gefordert werden, dass sie für diese Vorbehaltsfrage auch der internationalrechtlichen Behandlung nach etwas besonderes festsetzen. Eine Anwendungsnorm kann sich auf die Anwendung eines allerspeziellsten Satzes beziehen und dennoch allgemein sein, wenn sie nämlich in der Applikation auf gerade diesen Rechtssatz nur eine allgemeine Regel des internationalen Landesprivatrechts wiederholt. Sondersatz ist sie nur, wenn sie die in dieser Rechtsfrage anwendbare Rechtsordnung nach Erwägungen bestimmt, die in der besonderen Natur gerade dieser einzelnen Rechtsfrage wurzeln; die früheren Erörterungen greifen auch hier durch. Solche internationalprivatrechtlichen Sondernormen für eine einzelne Frage kommen namentlich als „stillschweigende" vor, derart, dass sie sich, ohne als solche besonders hervorzutreten, aus dem materiellrechtlichen Satz, auf dessen Anwendungsbereich sie sich beziehen, erschliessen lassen.

Das Gesagte kann in den Satz zusammengefasst werden: nur soweit ist das internationale Landesprivatrecht vorbehalten, wie es für Rechtsfragen, die dem Gebiet einer Vorbehaltsmaterie angehören, eine internationalprivatrechtliche Sonderbestimmung enthält. Z. B. bleiben die Kollisionsnormen, welche das Landesrecht etwa allgemein für obligatorische Verhältnisse oder auch nur für obligatorische Schuldverträge aufstellt, keineswegs für Gesindeverträge in fortdauernder Geltung; nur wenn gerade für Gesindeverträge nach irgend einer Richtung hin eine besondere internationalprivatrechtliche Behandlung vorgeschrieben wäre, würde ein solcher Satz fortbestehen. — Für die Zukunft freilich bleibt es nach EG. Art. 3 der Landesgesetzgebung unbenommen, in allen Vorbehaltsmaterien beliebige internationalprivatrechtliche Sätze, die vom Reichsrecht abweichen, zu schaffen.

Zu bemerken ist endlich noch: gibt das Landesrecht eine besondere Kollisionsnorm für eine Vorbehaltsmaterie in der technischen Form, dass es auf die in einer anderen Nicht-Vorbehaltsmaterie geltende Sonderkollisionsnorm verweist, so gilt die Verweisung künftighin als Verweisung auf die entsprechende reichsrechtliche Kollisionsnorm. Sofern aber das Reichsrecht hier eine Lücke hat, bleibt es bei der ungeänderten Geltung, da ja dann eine entsprechende Norm des Reichsrechts fehlt.

Die vorstehenden Sätze sind ohne Weiteres zutreffend, soweit die landesrechtliche Kollisionsnorm die Aufgabe hat, das Verhältnis des Landesrechts zu ausländischem Recht in Bezug auf die Anwendbarkeit zu regeln. Es gibt aber noch zwei andere Arten von Kollisionsfällen, die für das internationale Landesprivatrecht in Betracht kommen können [37]. Die landesrechtlichen Normen können einmal den Anwendungsbereich des Rechts eines Bundesstaats im Verhältnis zu den Rechten der anderen Bundesstaaten ('zwischenbundesstaatliches Privatrecht') und ferner den Anwendungsbereich der verschiedenen innerhalb eines Bundesstaats geltenden Partikularrechte im Verhältnis zu einander ('interlokales Privatrecht' i. e. S.) abgrenzen. Selbstverständlich sind die landesrechtlichen Normen für diese beiden Arten von Kollisionsfällen gegenstandslos, soweit durch das BGB. materielle Rechtsgleichheit geschaffen ist; für die Vorbehaltsmaterien aber dauert die Rechtsverschiedenheit in den einzelnen Bundesstaaten und in den einzelnen Rechtsgebieten innerhalb eines Bundesstaats fort, und hier fragt sich nun: wie weit bleibt das internationale Landesprivatrecht in den sich hieraus ergebenden Funktionen bestehen?

---

37) S. Mayer, Juristen-Zeitung 1898 S. 266; er will in allen drei Fällen das internationale Landesprivatrecht fortgelten lassen. Abweichend von der Darstellung des Textes auch Niedner, „Recht" IV (1900) S. 254. S. ferner Protok. VI S. 5 fg.

Die Antwort kann meines Erachtens nicht zweifelhaft sein; man muss nur den Mut der Folgerichtigkeit haben. Art. 55 setzt das gesamte internationale Landesprivatrecht, soweit es nicht wahres Sonderrecht einer einzelnen Vorbehaltsmaterie ist, ausser Kraft, also auch das gesamte internationale Landesprivatrecht. Unzweifelhaft ist bei den Kollisionsnormen des EG. Art. 7 ff. nur an die Frage, ob Reichsrecht, ob ausländisches Recht, gedacht, jene anderen Kollisionsfälle sind nicht mit geregelt, aber das macht nichts aus, denn wir wissen, dass das Landesrecht auch da fortfällt, wo das Reichsrecht Lücken hat. Da das EG. das internationale Privatrecht zu den privatrechtlichen Vorschriften rechnet, so ist das internationale Landesprivatrecht in allen seinen möglichen Funktionen aufgehoben, soweit es nicht im Einzelnen an dem Schutz eines Vorbehalts teilnimmt. Das ist aber, wie wir wissen, nur der Fall, wenn es in einer Rechtsfrage, die gerade dieser Sondermaterie angehört, auch international- oder inter-lokalprivatrechtlich etwas Besonderes festsetzt. Vor einem Fehlschluss ist dabei eindringlich zu warnen: eine Rechtsnorm ist deshalb, weil sie sich etwa nur auf interlokalrechtliche Kollisionen (Kollisionen zwischen den Partikularrechten innerhalb eines Bundesstaats) beziehen sollte, noch nicht eine Sondernorm. Handelt es sich also bei einer den Vorbehaltsmaterien angehörigen Rechtsfrage darum, zu entscheiden, ob das Gesetz dieses oder jenes Gebiets innerhalb des Bundesstaats anzuwenden sei, so sind die interlokalrechtlichen Normen dieses Bundesstaats doch nur dann für jene Entscheidung heranzuziehen, wenn sie nicht allgemeines interlokales Privatrecht sind, sondern gerade bezüglich dieser besonderen Vorbehaltsfrage etwas besonderes festsetzen.

Da die Art. 7 ff. des EG. sich auf das zwischenbundesstaatliche und interlokale Privatrecht nicht mit beziehen, das Landesrecht aber, von den Sondersätzen für Vorbehaltsmaterien abgesehen, ausser Kraft tritt, so haben wir hier eine grosse Lücke. Für die Ausfüllung dieser Lücke ist in erster Linie zuzusehen, ob die reichsrechtlichen Kollisionsnormen analog nutzbar zu machen sind. Viele dieser Normen sind freilich zur Analogie unverwendbar, weil die Rechtsfragen, die sie behandeln, für Vorbehaltsmaterien nicht auftreten können[38]), so z. B. die Vorschriften über Eheschliessung und Ehescheidung. Aber auch hiervon abgesehen muss mit grosser Vorsicht verfahren werden.

Voreilig würde es jedenfalls sein, den allgemeinen Grundsatz aufzustellen, dass für das zwischenbundesstaatliche Privatrecht dem einen Bundesstaat gegenüber sämtliche andere als Ausland zu gelten haben, sodass jede ihrer Rechtsfrage nach überhaupt verwendbare Kollisionsnorm des Reichsrechts auch analog angewendet werden müsste, und diesen Satz gar auch auf die rein interlokalen Kollisionsfälle innerhalb eines Bundesstaats auszudehnen. Dieser Grundsatz trifft allerdings zu, wenn die reichsrechtliche Anwendungsnorm Ausdruck eines generellen Prinzips ist, das die fremden Rechte auf dem Fuss der

---

38) Die Vorbehalte der Art. 57 u. 58 bleiben auch hier ausser Betracht.

Gleichberechtigung zu behandeln verlangt oder gestattet. Z. B. werden Sätze wie die des Art. 11 ohne Weiteres auch bei zwischenbundesstaatlichen und interlokalen Kollisionsfällen entsprechende Verwendung zu finden haben. Das EG. enthält aber auch mehrfach Bestimmungen, durch die es dem deutschen Recht eine bevorzugte Stellung gegenüber dem ausländischen einräumt. Es ist keineswegs sicher, dass dieselben gesetzgeberischen Erwägungen, denen diese Bevorzugungen des deutschen Rechts gegenüber dem ausländischen entsprungen sind, auch zutreffen, wo es sich um das Verhältnis partikularer deutscher Rechte zu einander handelt. Hier bedarf es sorgfältiger Einzeluntersuchung von Frage zu Frage. Wenn z. B. Art. 12 bestimmt, dass aus einer im Ausland begangenen unerlaubten Handlung gegen einen Deutschen nicht weitergehende Ansprüche geltend gemacht werden können, als nach den deutschen Gesetzen begründet sind, so ist es doch, wie ich meine, nicht gerechtfertigt, diesen Satz entsprechend auf die Fälle auszudehnen, wo durch partikulares Recht in einer Vorbehaltsmaterie eine Deliktsobligation angeordnet ist und wegen des Delikts nicht am Gerichtsort der begangenen That, sondern in einem anderen Bundesstaat und zwar in dem Heimatstaat des Thäters Klage erhoben wird.

Soweit dem Gesagten zufolge eine Analogie der reichsrechtlichen Kollisionsnormen gerechtfertigt ist, muss da, wo nach dem EG. das Personalstatut massgebend sein soll, an Stelle der Reichsangehörigkeit in zwischenbundesstaatlichen Kollisionsfällen die Angehörigkeit zu dem einzelnen Bundesstaat, in interlokalen hingegen der Wohnsitz als massgebend erachtet werden[39]).

Die Vorbehalte der Art. 57 und 58 bedürfen, auch was ihre Tragweite in Bezug auf das internationale Privatrecht angeht, gesonderter Betrachtung. An dieser Stelle möchte ich nur auf eines aufmerksam machen. Art. 57 ordnet an, dass die Vorschriften des BGB. gegenüber den besonderen Vorschriften der Hausverfassungen und Landesgesetze in Ansehung der Landesherren u. s. w. nur subsidiäre Anwendung finden. Auffällig ist, dass hier neben den Vorschriften des BGB. die des EG. nicht mitgenannt sind. Ob das für die sonstigen Bestimmungen des EG. guten Sinn hat, soll hier nicht untersucht werden; für die internationalprivatrechtlichen Vorschriften jedenfalls scheint es mir lediglich auf einem Versehen zu beruhen. Die Fassung des Art. 57 stammt aus dem ersten Entwurf des EG. Art. 33. Hier brauchte das EG. selbst nicht mitgenannt zu werden, weil das EG. damals noch keine internationalprivatrechtlichen Bestimmungen enthielt. Die Fassung des Art. 33 blieb dann in der Kommission der zweiten Lesung ungeändert, da aber inzwischen das internationale Privatrecht als sechstes Buch dem Entwurf des BGB. selbst hinzugefügt war, hatte die Bezugnahme des Art. 33 auf die Vorschriften des BGB. zugleich den Sinn, dass auch das internationale Reichsprivatrecht nur subsidiäre Geltung gegenüber der Autonomie der genannten Personen haben solle. Durch den Bundesrat erfolgte dann die grosse Änderung, dass das stark gekürzte Interna-

---

[39] S. Internat. Privatrecht I S. 403 ff.

tionalprivatrecht aus dem BGB. ins EG. hinein versetzt wurde: dies wurde, so darf man wohl vermuten bei dem Vorbehalt zu Gunsten der Autonomie übersehen, und dieser Artikel ging infolgedessen ungeändert in die Reichstagsvorlage (EG. Art. 55) und das EG. selbst über. Man wird befugt sein, hier eine Korrektur eintreten zu lassen: es bewahrheitet sich auch hier wieder, dass das EG. seine Internationalrechtsbestimmungen als ein dem Schicksal des materiellen Rechts selbst verbundenes unselbständiges Stück der Gesetzgebung denkt.

MIX
Papier aus verantwortungsvollen Quellen
Paper from responsible sources
FSC® C105338

Printed by Libri Plureos GmbH
in Hamburg, Germany